C·H·Beck
PAPERBACK

Ilse Sand

Die Kraft des Fühlens

Hochsensibilität
erkennen und positiv gestalten

*Aus dem Dänischen
von Annette Elisabeth Doll*

C.H.Beck

Titel der dänischen Originalausgabe: Elsk dig selv –
en guide for særligt sensitive og andre følsomme sjæle
© Forlaget Ammentorp
Zuerst erschienen 2014 bei Forlaget Ammentorp, Sabro

Die erste Auflage dieses Buches erschien 2016.

Originalausgabe

2. Auflage. 2018
Für die deutsche Ausgabe:
© Verlag C.H.Beck oHG, München 2016
Satz: Druckerei C.H.Beck, Nördlingen
Druck und Bindung: Pustet, Regensburg
Umschlaggestaltung: Geviert, Grafik & Typografie, Christian Otto,
unter Verwendung eines Motivs von shutterstock
Printed in Germany
ISBN 978 3 406 69793 7

www.chbeck.de

«Dieser Betrag an Empfindsamkeit ist eine überaus häufige Beigabe einer Persönlichkeit [...]. Einzig, wenn schwierige und ungewohnte Situationen kommen, pflegt sich der Vorteil in einen oft recht großen Nachteil zu verkehren, indem dann die ruhige Besinnung durch unzeitgemäße Affekte gestört wird. Nichts wäre aber unrichtiger denn diesen Betrag an Empfindsamkeit als einen eo ipso krankhaften Bestandteil eines Charakters zu werten. Wenn dem wirklich so wäre, so müßte man wahrscheinlich etwa ein Viertel der Menschheit als pathologisch betrachten.»
C. G. Jung: *Versuch einer Darstellung der Psychoanalytischen Theorie*

Inhalt

Vorwort

Dieses Buch wendet sich an hochsensible Menschen und andere ähnlich empfindsame Naturen. Es wurde aber auch für deren Angehörige geschrieben sowie für Arbeitgeber und Therapeuten, die mit solchen Menschen zu tun haben.

Als Pfarrerin und später als Psychotherapeutin bin ich im Laufe der Zeit vielen verschiedenen Menschen begegnet. Im Gespräch mit Hochsensiblen bekam ich immer wieder zu hören, wie hilfreich es für sie sei, etwas über diese Charaktereigenschaft zu erfahren. Und bei meinen Seminaren und Vorträgen für Hochsensible merkte ich, wie wichtig es für den einzelnen Betroffenen ist, anderen Hochsensiblen zuzuhören und Erlebnisse und Erfahrungen mit ihnen zu teilen.

Deswegen habe ich mich dazu entschlossen, Äußerungen von Kursteilnehmern und Klienten viel Platz in diesem Buch einzuräumen. Sie bringen zum Ausdruck, wie es heutzutage Hochsensiblen ergeht. Alle, die zu Wort kommen, sind hochsensibel, aber auch andere empfindsame Menschen werden sich in dem einen oder anderen Beispiel wiedererkennen.

Ich habe häufig erlebt, dass Menschen sich mit ihrer Hochsensibilität ausgesöhnt und dadurch regelrecht aufgerichtet haben und mutiger wurden, zu sich selbst zu stehen. Ich hoffe, dass dieses Buch dazu beitragen kann.

Das erste Kapitel beschreibt den hochsensiblen Charakter an sich. Menschen sind sehr verschieden und so verhält es sich auch mit Hochsensiblen. Sind Sie hochsensibel, werden Sie sich wahrscheinlich bisweilen in vielen Beschreibungen wiedererkennen, während anderes Ihnen fremd erscheinen mag.

Auch wenn aber nur einzelne Züge auf Sie zutreffen, werden Sie dennoch davon profitieren, einigen Ratschlägen dieses Buches zu folgen.

Die einzelnen Kapitel können unabhängig voneinander gelesen werden. Wenn Ihnen einige Kapitel des Buches entweder zu theoretisch sind oder Ihnen zu simpel erscheinen, überspringen Sie diese einfach.

Am Ende des Buches können Sie Ihre eigene Sensibilität anhand eines in Dänemark neu entwickelten Tests einschätzen. Außerdem finden Sie dort Vorschläge für Beschäftigungen, die sensiblen Menschen Freude machen und guttun. Die Liste beinhaltet sowohl Ideen, wie Sie sich selbst inspirieren und herausfordern können, wenn Sie viel Energie haben, als auch Vorschläge für Aktivitäten, die Ihnen guttun, wenn Sie überstimuliert sind.

Einleitung

Besonders einfühlsam oder hochsensibel zu sein, ist sowohl eine Einschränkung als auch eine Gabe. Viele Jahre lang habe ich nur die Einschränkung gesehen. Mir war bewusst, dass ich manchmal weniger ertragen konnte als die meisten anderen. Bevor ich von Hochsensibilität erfuhr, sah ich mich selbst als introvertiert an.

Wenn ich an der Volkshochschule und bei anderen Gelegenheiten Seminare gab, sagte ich den Kursteilnehmern, dass ich mich in der Pause auf mich konzentrieren und mich ausruhen müsse. Ich stieß dabei auf viel Verständnis. Es gab immer Kursteilnehmer, die danach zu mir kamen und erzählten, dass es ihnen genauso gehe und es angenehm sei, dass ich dies ganz offen ansprechen würde.

Was eine Einschränkung in einer Hinsicht bedeutet, erweist sich als besondere Fähigkeit in anderer Hinsicht. Mein Inneres ist äußerst produktiv. Mir fehlte es nie an Inspiration oder Ideen für einen Kurs. Vor diesem Hintergrund konnte ich Jahr für Jahr die Teilnehmer meiner Kurse und Vorträge begeistern.

Viele (hoch-)sensible Menschen haben ein geringes Selbstwertgefühl. Sie sind dadurch geprägt, dass sie in einer Kultur leben, in der ganz andere Verhaltensweisen geschätzt werden. Einige Hochsensible berichten, dass sie ihr ganzes Leben lang darum gerungen haben, genauso «frisch und munter» zu sein, wie andere es von ihnen erwarten. Und erst als sie in Rente gingen, erfuhren sie Akzeptanz dafür, langsam und nachdenklich zu handeln.

Sie haben sicherlich häufig gehört, dass Sie aufhören sollen, sich Sorgen zu machen, Sie sollen sich eine dickere Haut zulegen und dieselben Dinge mögen wie die meisten anderen. Es fällt nicht leicht, sich selbst zu lieben, wenn man sehr sensibel ist und immer wieder dazu aufgefordert wird, anders zu sein. Vielleicht haben Sie versucht, sich zu ändern, um die Erwartungen der anderen zu erfüllen. Doch stattdessen müssen Sie lernen, sich selbst so anzuerkennen und wertzuschätzen, wie Sie sind. Ein erster wichtiger Schritt in diese Richtung besteht darin, dass Sie Qualität statt Quantität für sich selbst als Maßstab setzen. Sie schaffen vermutlich nicht genauso viel wie die meisten anderen. Doch die Qualität dessen, was Sie tun, ist vermutlich ausnehmend hoch. Was Ihnen an Ausdauer fehlt, machen Sie durch Tiefe wett.

Viele Jahre habe ich mich mit anderen verglichen und gemerkt, dass ich den Anforderungen nicht gewachsen war – dafür schämte ich mich. Ich musste an mir arbeiten, um mich auf meine Ressourcen und Fähigkeiten zu besinnen und nicht auf das, was ich nicht kann.

Vielleicht beschäftigen auch Sie sich vor allem mit dem, was Sie nicht können. Das ist nämlich häufig das, was als Erstes ins Auge sticht. Vielleicht fühlen Sie sich in Gesellschaft nur kurze Zeit wohl. Das merken Sie selbst, und auch andere merken das und stellen die unangenehme Frage: «Willst du etwa schon nach Hause?» Darüber vergessen Sie vielleicht, sich zu freuen, dass es Ihnen in der Kürze der Zeit gelungen ist, so gute Kontakte zu knüpfen. Eine widerstandsfähigere Person hätte dafür möglicherweise eine ganze Nacht benötigt.

Ich hoffe, dass dieses Buch Hochsensiblen und anderen besonders empfindsamen Naturen dabei hilft, ihre Fähigkeiten und ihr Können in den Vordergrund zu stellen.

1   Der hochsensible Charakter

∾

Zwei verschiedene Typen derselben Spezies

Es gibt Zahlen, wonach fast jeder Fünfte besonders empfindsam – oder wie man mittlerweile sagt: hochsensibel – ist. Dies
gilt nicht nur für Menschen. Höher entwickelte Tierarten
können ebenfalls in zwei Typen unterteilt werden: in den
hochsensiblen Typ und den widerstandsfähigeren, der mehr
riskiert und oft an vorderster Front kämpft.

Abgesehen davon, dass dieselbe Spezies aus zwei unterschiedlichen Geschlechtern besteht, lassen sich also auch zwei
verschiedene Typen ausmachen. Bei genauer Betrachtung entsteht sogar der Eindruck, dass diese sich stärker unterscheiden
als die beiden Geschlechter.

Der hochsensible Charakter ist keine Neuentdeckung. Er
wurde lange Zeit nur anders bezeichnet, etwa als introvertiert.
Die amerikanische Psychologin und Wissenschaftlerin Elaine
Aron führte den Begriff «Highly Sensitive Person», HSP,
(«hochsensible Person») ein und beschrieb typische Merkmale. Sie erklärte, selbst der Ansicht gewesen zu sein, introvertiert und hochsensibel sei dasselbe, bis sie entdeckte, dass
30 Prozent der Hochsensiblen sozial aufgeschlossen sind. Der
Charakterzug wurde auch als gehemmt, ängstlich oder
schüchtern bezeichnet. Dabei handelt es sich um Gefühle und
Verhaltensweisen, die in einer ungewohnten Umgebung zutage treten können oder wenn der Hochsensible nicht genügend Unterstützung und Rückhalt erfährt. Keine dieser von

Außenstehenden getätigten Beschreibungen bringt zum Ausdruck, dass die Betreffenden zwar größere Probleme in belastenden Situationen haben, aber auch gerade imstande sind, glücklicher als andere zu sein, wenn sie sich in einer sicheren Umgebung, in ihrer persönlichen Komfortzone, aufhalten.

Dies bestätigt auch die Forschung des Psychologen Thomas Boyce: Wie eine Untersuchung zeigte, reagierten manche Kinder in einem herausfordernden Umfeld und in belastenden Situationen – gemessen am Herzschlag und an der Immunreaktion – stärker (die empfindsamen Kinder) als andere; außerdem wurden sie häufiger krank und sie verletzten sich öfter als die anderen. Hielten sich dieselben Kinder jedoch in ihrem gewohnten Umfeld auf, erkrankten sie seltener und es passierten ihnen weniger Missgeschicke als anderen.

Während hochsensible Menschen gesellschaftlich meist eine Außenseiterrolle einnehmen, werden sie vor allem in der europäischen Literatur an der Wende vom 19. zum 20. Jahrhundert oft thematisiert. Die Künstlerfiguren in Thomas Manns Werk, wie Tonio Kröger, tragen hochsensible Züge; in Joris-Karl Huysmans *Gegen den Strich* oder Oscar Wildes *Das Bildnis des Dorian Gray* weisen die Hauptfiguren eine besondere Sensibilität auf und streben darüber hinaus nach einer immer intensiveren «Verfeinerung der Nerven» – wie es manche Hochsensible wirklich tun (dazu an späterer Stelle mehr). In Rainer Maria Rilkes *Die Aufzeichnungen des Malte Laurids Brigge* wird Hochsensibilität anhand des Titelhelden am eindrücklichsten literarisch ausgearbeitet: Malte nimmt alle Eindrücke und Reize so intensiv wahr, dass er darunter leidet. Beispielsweise sind seine visuellen Wahrnehmungen so fein, dass man von einem «sezierenden Sehen» gesprochen hat.

Hochsensible nehmen mehr Reize auf und reflektieren diese intensiver

Besonders empfindsame Menschen weisen eine besondere Konstitution des Nervensystems auf. Wahrscheinlich aufgrund einer höheren Erregbarkeit der Großhirnrinde und eines schwächeren Filters im Thalamus für eintreffende Reize haben Hochsensible eine intensivere Wahrnehmung und sind Reizen, insgesamt betrachtet, stärker ausgesetzt. Sie besitzen eine rege Fantasie und eine ausgeprägte Vorstellungskraft, weshalb äußere Reize vielfältige Gedankenassoziationen und Vorstellungen in ihnen auslösen können. Die Kapazitäten ihrer «Hardware» erschöpfen sich dadurch aber auch schneller, und sie fühlen sich überstimuliert.

Ich selbst habe die Erfahrung gemacht, in meinem Kopf keine weiteren Informationen mehr aufnehmen zu können, wenn ich zu vielen Reizen ausgesetzt bin. Treffe ich auf fremde Menschen, ist dieser Sättigungspunkt manchmal schon nach einer halben oder einer Stunde erreicht. Ich kann mich zusammenreißen und weiterhin zuhören und sogar so tun, als ob ich mich immer noch wohlfühle. Doch das kostet mich sehr viel Kraft und hinterher bin ich ausgelaugt.

Niemand möchte überstimuliert werden, denn das ist sehr kräftezehrend. Sind Sie selbst hochsensibel, werden Sie schneller an Ihre Grenzen stoßen als andere und Stimulationen als unangenehm empfinden. Sie haben deshalb das Bedürfnis, sich zurückzuziehen, wenn um Sie herum großer Trubel herrscht.

Vielleicht versuchen Sie auch wie Erik im nachfolgenden Beispiel, sich die notwendigen Reizpausen heimlich zu verschaffen, weil Sie befürchten, dass andere Sie möglicherweise für wehleidig, überempfindlich, versnobt oder ungesellig halten.

«Wenn ich in der Verwandtschaft zu einem runden Geburtstag eingeladen bin, suche ich häufig das Badezimmer auf, wo ich vor dem Spiegel stehe, mich ein wenig betrachte und mir die Hände wasche. Je nachdem wie stark das Bad frequentiert ist, traue ich mich nicht, es länger zu blockieren, weshalb mich die wenigen friedlichen und ruhigen Augenblicke nie ganz zufriedenstellen. Einmal habe ich versucht, mich hinter einer Zeitung zu verstecken. Ich setzte mich in eine Ecke und hielt die Zeitung vor mein Gesicht. Ich saß mit geschlossenen Augen hinter der Zeitung und versuchte zur Ruhe zu kommen. Mein Onkel, der immer zu einem Scherz aufgelegt ist, schlich sich an, schlug mir plötzlich die Zeitung aus den Händen und rief: ‹Na, so was, hier sitzt du also und versteckst dich›, und alle grinsten. Für mich war das sehr unangenehm.» Erik, 48 Jahre

Nicht nur negative Eindrücke überreizen Sie, sondern auch positive können – etwa bei einem Fest, auf dem Sie sich amüsieren – ab einem bestimmten Punkt zu anstrengend werden, so dass Sie sich zurückziehen müssen, wenn die Feier gerade ihren Höhepunkt erreicht hat.

In solchen Situationen leiden Hochsensible am stärksten unter ihrem Handicap. Die meisten würden am liebsten genauso lange bleiben wie die anderen Gäste. Es ist sowohl unangenehm, den Gastgeber zu enttäuschen, als auch schade, beim restlichen Verlauf des Festes nicht mehr dabei zu sein. Hochsensible haben aber auch Angst, als langweilig, ungesellig oder unhöflich zu gelten, wenn sie das Fest verlassen, bevor es zu Ende ist.

Das empfindliche Nervensystem, das dafür verantwortlich ist, dass Sie sich vor Reizüberflutungen schützen müssen, versetzt

Sie jedoch auch in die Lage, besonders intensiv Freude zu empfinden. Schöne Reize wie etwa ein Kunstwerk, Musik, der Gesang der Vögel, der Duft von Blumen, gutes Essen oder die Natur rufen diese innere Freude hervor.

Empfindlich gegenüber Sinneseindrücken

Wenn Sie hochsensibel sind, machen Sie sicherlich auch bisweilen die Erfahrung, dass es schwer ist, störende Geräusche, Gerüche oder visuelle Reize auszublenden. Alltägliche Reize, denen Sie nicht entkommen, stören und irritieren Sie häufig. Was andere als ein völlig normales Geräusch empfinden, kann für Sie lästiger Lärm sein, der Ihr Nervensystem strapaziert.

Das ist beispielsweise an Silvester der Fall. Wenn Sie besonders sensibel sind, werden Sie wahrscheinlich große Freude an dem Kunstwerk haben, das das Feuerwerk an den Himmel zaubert. Ganz anders ist es mit dem damit verbundenen Krach. Er durchdringt Sie ganz unmittelbar und erschüttert Ihr Nervensystem, so dass Sie üblicherweise zum Jahreswechsel mehr oder weniger aus der Balance geraten.

Wenn ich Seminare für hochsensible Menschen gebe oder mit ihnen in meiner therapeutischen Praxis spreche, frage ich, welche schönsten und welche schrecklichsten Erlebnisse sie aufgrund ihrer Empfindsamkeit hatten. Nicht selten gehört Silvester zu den schlimmsten Erlebnissen. Das Knallen der Feuerwerkskörper kann als wahre Lärmhölle empfunden werden.

Auch weniger bedrohlicher Lärm wie beispielsweise die Schritte des Nachbarn, der über einem wohnt, kann zum Problem für hochsensible Menschen werden, da sie häufig einen leichten Schlaf haben und beim geringsten Geräusch aufwachen.

Es gibt Orte, die Sie meiden müssen. Viele Hochsensible

vertragen weder Kälte noch Zugluft und gehen deshalb nicht auf Gartenfeste. Lässt sich im Friseursalon gerade jemand eine Dauerwelle machen, ist möglicherweise der Geruch der Chemikalien unangenehm. Ein Besuch bei einem Raucher ist manchmal nur schwer zu ertragen. Sogar wenn der Betreffende sich bereit erklärt, während Ihrer Anwesenheit nicht zu rauchen, kann der in Gardinen und Möbeln hängende Tabakgeruch noch immer zu intensiv für Ihre Nase sein. Ich habe von hochsensiblen Menschen gehört, die ihren Arbeitsplatz wechseln mussten, weil das Radio die ganze Zeit an war und es ihnen nicht gelang, die Geräuschkulisse auszublenden.

Cafés mit lauter Musik, die nicht Ihrem Geschmack entspricht, können eine Herausforderung sein. Und viele mögen auch keine Lokale, in denen Leute dicht gedrängt sitzen.

Es kann für einen hochsensiblen Menschen tatsächlich schwierig sein, ein Café zu finden, in dem er sich wohlfühlt. Sowohl für Sie selbst als auch für Ihre Begleitung ist das möglicherweise eine schwer zu meisternde Aufgabe – besonders wenn Sie beide müde und hungrig sind.

«Ich ärgere mich häufig über mich selbst, weil ich so schwer zufriedenzustellen bin. Ich wünschte, ich könnte die Dinge so leicht nehmen wie andere.» Susanne, 23 Jahre

---

Für Hochsensible ist es nicht immer einfach, die Dinge leichtzunehmen. Ihre Reizschwelle ist niedriger und sie leiden mehr, wenn die Umgebung unangenehm für sie ist.

Empfänglich für die Stimmungen anderer

Zahlreiche hochsensible Menschen erzählen, dass sie es hassen, Streit ausgesetzt zu sein. Zeuge einer Auseinandersetzung zu werden oder auch nur schlechte Stimmung ertragen zu müssen, ist für sie sehr belastend.

Ein Vorteil von Hochsensibilität ist die damit einhergehende Fähigkeit, sich besonders gut in andere hineinversetzen und ihnen viel Empathie entgegenbringen zu können. Viele Hochsensible arbeiten im Pflegebereich, wo sie von den Patienten oftmals große Wertschätzung erfahren.

Jene Hochsensiblen, die Vollzeit im sozialen Bereich tätig sind, berichten, dass sie nach einem Arbeitstag nur noch sehr wenig Energie besitzen. Denn ihre Empfänglichkeit führt dazu, dass sie die Stimmungen anderer regelrecht in sich aufsaugen und somit davon beeinflusst werden. Sich von Leid abzuschirmen und die Arbeit zu vergessen, wenn sie nach Hause kommen, fällt ihnen extrem schwer.

Es versteht sich von selbst, dass man sehr gut auf sich achtgeben muss, wenn man mit Menschen arbeitet. Ansonsten ist das Risiko hoch, unter dem Stress und der emotionalen Last zusammenzubrechen.

Ich werde häufig gefragt, ob man nicht lernen kann, für Stimmungen weniger empfänglich zu sein. Als hochsensibler Mensch ist man mit feinen Antennen ausgestattet, die einen deutlich spüren lassen, was um einen herum geschieht. Ich hätte mir selbst einige Male gewünscht, die Antennen abschalten zu können, um äußere Reize von mir fernzuhalten, so dass ich dafür blind, taub und unempfindlich werde. Das geht nicht, glaube ich. Was man aber tun kann, ist, sehr aufmerksam auf die eigenen Empfindungen und Bedürfnisse zu achten.

Wenn man eine Spannung in einer Beziehung wahrnimmt, macht es einen großen Unterschied, ob man denkt: «Die Person ist anscheinend wütend auf mich, was mache ich bloß falsch?» Oder: «Die Person ist anscheinend frustriert, weil sie nicht gelernt hat, sich für ihre eigenen Belange richtig einzusetzen.» Wenn Sie dazu tendieren, wie im erstgenannten Beispiel zu denken, sind die Stimmungen, die Sie wahrnehmen, wesentlich belastender, als sie es sein müssten. In Kapitel 8 können Sie mehr darüber lesen, wie eng Gefühle und Gedanken miteinander verbunden sind.

Hatten Sie eine liebevolle Kindheit, werden sich Ihre feinen Antennen für die Atmosphäre, die Sie umgibt, zu einer Ressource entwickeln, aus der Sie später positiv schöpfen können. Die Psychologin und Expertin für Nervensysteme Susan Hart meint dazu:

«Ein Säugling, der sensibel auf seine Umgebung reagiert, wird Reizen gegenüber anfälliger sein … Bei hochsensiblen Kindern, die in einem sicheren Umfeld aufgewachsen sind und gut umsorgt wurden, können sich daraus Engagement, Einfühlungsvermögen, Freude, Interesse und Einklang mit ihrer Umgebung entwickeln.»

Hochsensible Kinder, die geborgen aufwachsen, werden ihre Sensibilität hauptsächlich als Stärke erleben. Selbst wenn man in seiner Kindheit nicht optimal gefördert und umsorgt wurde, kann man später als Erwachsener noch lernen, sich selbst zu fördern und sein Leben so zu gestalten, dass die positiven Seiten der eigenen Sensibilität die Möglichkeit haben, sich zu entfalten und zu einer nachhaltigen Ressource zu werden.

Gewissenhaft

Laut einer Untersuchung neigten gehemmte (also sensible) Kinder im Alter von vier Jahren weniger dazu, zu schummeln, Regeln zu brechen oder sich egoistisch zu verhalten – sogar wenn sie sich sicher sein konnten, dass keiner sie beobachtete. Außerdem, so stellten die Psychologen Kochanska und

Thompson fest, zeichneten sich ihre Antworten auf Fragen zu moralischen Dilemmata durch eine höhere Sozialkompetenz aus.

Viele hochsensible Menschen sind äußerst gewissenhaft und tendieren dazu, für alles und jeden Verantwortung zu übernehmen. Häufig haben sie schon von klein auf jede Missstimmung wahrgenommen und versucht, etwas dagegen zu unternehmen:

«Wenn ich merkte, dass meine Mutter traurig war, versuchte ich, so gut ich konnte, alles zu tun, um ihr nicht zur Last zu fallen. Ich dachte viel darüber nach, wie ich ihr das Leben schöner machen könnte. Eines Tages beschloss ich, alle anzulächeln, die ich traf. Ich dachte, dass andere Leute meine Mutter dann bewundern würden, weil sie so gut erzogene Kinder hat.» Hanne, 57 Jahre

Wenn Hochsensible eine Missstimmung spüren, haben sie häufig das Bedürfnis, die Verantwortung dafür zu übernehmen und die Situation zu entschärfen.

Sie hören sich vielleicht die frustrierten Aussagen der involvierten Parteien an, versuchen etwas Positives zu sagen oder fangen an, einen Lösungsvorschlag zu erarbeiten. Danach sind sie meist erschöpft und wollen sich zurückziehen, während die anderen schnell über den entstandenen Streit hinwegkommen und sich weiter vergnügen. Solche ungleichen emotionalen Investitionen kosten sehr viel Kraft.

Ob es empfehlenswert ist, sich so intensiv mit einer Situation auseinanderzusetzen und sich verantwortlich zu fühlen, hängt von der jeweiligen konkreten Situation ab. Doch es fällt Hochsensiblen immer schwer, von etwas unberührt zu bleiben, weil schlechte Stimmung sie stark beeinflusst und ihr Nervensystem aus dem Gleichgewicht bringt.

Keiner kann aber für alles und jeden Verantwortung übernehmen. Wer das tut, nimmt die Verantwortung gleichzeitig jemandem ab. In einigen Situationen ist es jedoch das Beste, wenn der andere seine Verantwortung selbst übernimmt und dadurch aus seinen Fehlern lernt.

«Seit ich gelernt habe, in den meisten Situationen nicht die Verantwortung für andere zu übernehmen, bleibt mir mehr Lebensenergie.» Egon, 62 Jahre

Besonders sensible Menschen versuchen alles, um zu verhindern, dass es anderen ihretwegen schlecht geht. Deshalb strengen sie sich in zwischenmenschlichen Beziehungen sehr an. Widerstandsfähigere Menschen denken bei weitem nicht so viel nach, bevor sie reden oder handeln. Das ist häufig völlig überraschend für jemanden, der hochsensibel ist. Ich höre oft, dass Hochsensible schockiert über eine verletzende oder auch nur unbedachte Bemerkung sind, die jemand ihnen gegenüber geäußert hat. Als ob sie damit rechnen würden, dass alle anderen sich genauso viel Mühe geben, alles zu durchdenken, wie sie selbst. Die meisten tun das nicht. Und Hochsensible sollten genau damit rechnen, anstatt schockiert zu sein.

Aufgrund der Achtsamkeit, die sie vermutlich an den Tag legen, reagieren hochsensible Menschen langsam und wenig spontan auf andere. Sie ziehen in Diskussionen sicherlich häufig den Kürzeren, weil sie manchmal erst einen Tag später realisieren, was sie hätten sagen oder tun sollen.

Ich möchte betonen, dass hochsensible Menschen nicht *immer* behutsam, gewissenhaft und empathisch sind. Wenn zu viele Reize von außen auf sie einprasseln, reagieren sie unbesonnen und sind in Gesellschaft recht schwierig.

Ein reiches Innenleben

Zahlreiche Hochsensible berichten von intensiven Träumen, einem reichen Vorstellungsvermögen und einer lebhaften Fantasie. Ich selbst langweile mich selten, wenn ich alleine bin. Das hat viele Vorteile. So bin ich beispielsweise nicht darauf angewiesen, dass andere Menschen mich unterhalten. Das gibt mir die Freiheit, ich selbst zu sein.

Und während sehr aktive Leute bisweilen damit zu kämpfen haben, wenn sie arbeitslos werden oder in den Ruhestand gehen, berichten hochsensible Personen, dass sie die erworbene Freiheit als großes Geschenk erleben. Sie ergreifen die Chance, ihre Kreativität zu entfalten oder ihr Leben zu entschleunigen. Hochsensible lassen sich leicht inspirieren. Einige berichten geradezu von einer Angst vor Inspiration, weil diese als eine starke innere Kraft auf sie wirkt und als eine Aufforderung, sie sofort in einen kreativen Akt umsetzen zu müssen; und dagegen können sie sich nur schwer zur Wehr setzen.

«Ich male leidenschaftlich gern. Aber manchmal kann es auch fast zu einer Belastung werden, wenn ich ein neues Bild vor meinem inneren Auge habe. Meine Erregung steigt und ich fühle einen Druck in mir, als ob das Bild einfach raus auf die Leinwand will, und das so schnell wie möglich.» Lise, 30 Jahre

Eine so starke Inspiration kann natürlich Gold wert sein, wenn man konstruktiv damit umgehen kann. Viele hochsensible Persönlichkeiten betätigen sich künstlerisch auf einem oder sogar mehreren Gebieten.

Ich selbst versuche, mich von meiner Inspirationsquelle

nach 22 Uhr abzukoppeln. Eine neue Idee um diese Uhrzeit kann mir leicht die Nachtruhe rauben. Bewusstes und Unbewusstes ist bei hochsensiblen Menschen weniger scharf voneinander abgegrenzt. Sie haben daher einen leichteren Zugang zu ihrem Unterbewusstsein, was sich anhand ihrer Kreativität und ihrer Träume zeigt.

Natürliches geistiges Interesse

Viele Hochsensible sind davon überzeugt, dass es ein großes Ganzes gibt, von dem sie nur ein kleiner Teil sind. Sie haben häufig Ehrfurcht vor der Natur und ein gutes Verhältnis zu Tieren und Pflanzen. Einige wenden sich religiösen Institutionen zu, wie beispielsweise Kirchen, spirituellen Zentren oder anderen Glaubensgemeinschaften. Die meisten pflegen jedoch ihre eigenen Vorstellungen und suchen sich aus vielen Quellen zusammen, was sich für sie richtig anfühlt.

Ihr Verhältnis zu Gott, dem Göttlichen, ihrem Schutzgeist oder wie man es auch nennen mag, ist oft sehr persönlich. Sie stellen den Kontakt selbst her und benötigen dafür keinen Pfarrer oder anderen religiösen Führer oder Ritualmeister. Mit einem höheren Wesen zu sprechen, ist für die meisten hochsensiblen Menschen ganz natürlich, ohne dass sie viele Worte darüber verlieren.

Eine andere Strategie

Auf eine neue Situation kann man ganz unterschiedlich reagieren. Man kann sich mit ihr auseinandersetzen und sich auf sie einlassen. Man kann aber auch abwarten, beobachten und gründlich überlegen, bevor man agiert.

Einige Menschen und Tiere wählen die erste Variante. Sie sind schnell, impulsiv, kühn und abenteuerlustig. Andere neigen eher zur zweiten Variante. Sie sind wachsam, vorsichtig und beobachten erst einmal, bevor sie handeln.

Beide Strategien haben je nach Situation etwas für sich. Wenn ein Rudel Kaninchen zu einem unbekannten Feld kommt, auf dem nur wenig Gras wächst und wo es kaum Raubtiere gibt, dann haben die Tiere, die sich für die erste Strategie entscheiden, die größten Chancen zu überleben. Sie sind am schnellsten und schaffen es möglicherweise, das gesamte Grün zu fressen, bevor sich die vorsichtigeren Charaktere überhaupt erst vorwagen. Ist die Situation hingegen umgekehrt, das heißt, ist reichlich Gras vorhanden und gibt es viele Feinde, ist die zweite Strategie besser. Die schnellen, mutigen Kaninchen, die sich zuerst auf das Feld wagen, werden womöglich von den Raubtieren gefressen. Den vorsichtigeren gelingt es, die Gefahr zu erkennen, bevor es zu spät ist.

Wenn es innerhalb jeder Art zwei Typen von Individuen mit unterschiedlichen Strategien gibt, so dient dies dem Überleben der Art. Manchmal gelingt es den etwas Vorsichtigeren, den Rest des Rudels zu warnen, so dass alle überleben. Ein anderes Mal überleben nur die Schnellsten, weil die Vorsichtigen verhungern. Aber insgesamt gesehen gibt es immer welche, die die Art fortführen.

Hochsensible Menschen entscheiden sich für die vorsichtige Strategie. Sie beobachten und überlegen, bevor sie sprechen oder handeln. Es kommt Ihnen bestimmt vertraut vor, dass Sie, bevor Sie ein Gespräch beginnen, schon manchmal einen Schritt weiter gedacht haben: «Wenn er nun Nein sagt, dann verhalte ich mich so oder so, und wenn er sich freut, werde ich …» Und bevor Sie ein Projekt in Angriff nehmen, haben Sie selbstverständlich alle nur möglichen Konsequenzen bedacht.

Hochsensible Menschen können sich neue Wege häufig sehr gut ausmalen – aber auch deren negative Aspekte. Sie haben sicherlich die Fähigkeit, eine Situation minutiös zu durchdenken, bevor Sie es wagen, sich auf sie einzulassen. Dieses Vermögen bewahrt Sie vor zahlreichen Fehlern und Missgeschicken. Der Nachteil dabei ist, dass Sie zögerlich sind und viel, manchmal zu viel Zeit benötigen, sich über mögliche Gefahren Gedanken zu machen.

Wenn ich einen Seminartag leite, habe ich mir den Ablauf vorher genau überlegt. Ich versuche, mir alle möglichen Zwischenfälle vorzustellen und einen Plan B auszuarbeiten, für den Fall, dass einer davon eintreten sollte. Ein widerstandsfähigerer Mensch muss sich nicht so gründlich vorbereiten. Er lässt sich nicht so leicht aus dem Konzept bringen, selbst dann nicht, wenn die Dinge nicht so laufen wie geplant.

Ein Seminartag kostet mich meine gesamte Energie. Ich habe keine überschüssige Kraft für unvorhergesehene, unangenehme Überraschungen. Und deshalb ist es sinnvoll für mich, alles vorab genau zu durchdenken.

Die Fähigkeit, Gefahren vorherzusehen und sie mit einzuplanen, ist nützlich. Das kann nicht jeder. Und jemand, der diese Fähigkeit nicht besitzt, begeht oft einen Fehltritt. Der Nachteil an dieser Fähigkeit ist, dass man sich chronisch Sorgen macht. Vielleicht sind Sie auch häufig angespannt. Dann müssen Sie lernen, zwischendurch abzuschalten. Entspannungsübungen und Meditation können dabei wirklich hilfreich sein.

Andere haben Ihnen sicherlich oft gesagt, Sie sollen sich nicht so viele Sorgen machen und die Dinge so nehmen, wie sie eben sind. Doch erst zu denken, bevor Sie sprechen oder handeln, ist klug, wenn Sie hochsensibel sind. Fehltritte können Sie sich nicht leisten, weil Ihre Kraft begrenzt ist. Unnötige Konflikte sollten Sie, aufgrund der Gefahr, Ihr Nervensystem längerfristig aus dem Gleichgewicht zu bringen, vermeiden. Das Gleiche gilt für Kälte, Hunger und Durst, die Sie häufig wesentlich stärker beeinträchtigen als andere.

Langsam und wohlüberlegt

Hochsensible besitzen die Fähigkeit, etwas aus den unterschiedlichsten Blickwinkeln zu betrachten. Das ist einer der Gründe, warum sie länger über Dinge nachdenken, ja nachdenken müssen als die meisten anderen. Dafür ist das, was sie sagen oder tun, meistens sehr gut durchdacht und originell. Viele Schriftsteller, Künstler und Freidenker sind hochsensibel.

«Ich verstehe nicht, wie einige Menschen von jetzt auf gleich eine Entscheidung treffen können. Wenn wir in der Firma ein Meeting haben, fällt es mir oft schwer, sofort zu wissen, welche Meinung ich dazu habe und wie ich mich entscheiden soll. Ich schlafe lieber noch einmal darüber und setze mich zunächst allein damit auseinander.
Anfangs habe ich mir Vorwürfe gemacht, dass ich den Entscheidungsprozess verzögere. Doch mittlerweile haben wir uns alle daran gewöhnt. Wenn ich dann zurückkomme, erlebe ich wiederum, dass meine Kollegen meinen durchdachten und präzise formulierten Standpunkten und Ideen großen Respekt zollen.» Jens, 55 Jahre

Hochsensibilität ist das Gegenteil von Impulsivität. Aber einige Hochsensible können innerlich so verzweifeln, wenn sie überstimuliert werden und nicht die Möglichkeit haben, sich zurückzuziehen, dass sie einen Wutanfall bekommen oder irgendetwas Impulsives als Übersprungshandlung tun, um der Situation zu entkommen. Eine solche impulsive Handlung kann beispielsweise sein, seinen Job zu kündigen, mit einer Freundschaft zu brechen, bei seinen Eltern anzurufen und ihnen Vorwürfe zu machen, übertriebene

Mengen an Alkohol zu trinken oder eine Fressattacke zu bekommen.

In dieser Hinsicht ähnelt Hochsensibilität einer Borderline-Störung. Im Unterschied dazu bereuen Hochsensible ihre impulsive Handlung nach kurzer Zeit, vor allem wenn diese Unannehmlichkeiten für andere nach sich ziehen. Und während Menschen mit einer Borderline-Störung häufig zu Wutanfällen neigen, tendieren Hochsensible eher zu Schuld- und Schamgefühlen.

Als hochsensibler Mensch begehen Sie nur ganz besonders ungern Fehler. Wenn Sie dann auch noch einem anderen Menschen oder einem Tier Schaden zufügen, wird Sie dies vermutlich außerordentlich grämen und Sie werden sich wahrscheinlich noch sehr lange Vorwürfe machen.

Der Hochsensible, der ständig nach neuen Reizen sucht

Die meisten Hochsensiblen handeln nach einer wohlüberlegten Strategie. Meist ist ihnen Sicherheit wichtiger als ein Abenteuer, und sie bewegen sich gerne auf den wohlbekannten Pfaden ihrer Komfortzone. Einige Hochsensible neigen jedoch zu Abenteuerlust und lieben es, auf Entdeckungsreise zu gehen. Wenn Sie sich schnell langweilen und zugleich leicht überstimuliert werden, gehören Sie vermutlich zu den Hochsensiblen, die ständig nach neuen Reizen suchen. Die Balance zwischen beidem zu finden, ist eine echte Herausforderung.

Als Hochsensibler, der ständig nach neuen Reizen sucht, langweilt es Sie, wenn sich etwas wiederholt: Zu viel Routine lässt Sie unruhig werden. Stattdessen sind Sie auf der Suche nach interessanten Erfahrungen. Charakteristischerweise reisen Sie gerne, und zwar am liebsten an Orte, an denen Sie noch nie zuvor gewesen sind.

Man könnte den Eindruck gewinnen, dass Hochsensible, die ständig nach neuen Reizen geradezu suchen, sich ihre Probleme selbst schaffen. Obwohl sie schnell überstimuliert werden, setzen sie sich ständig neuen Eindrücken aus – und hinterher sind sie erschöpft. Diese Gruppe der Hochsensiblen tendiert dazu, sich deswegen im Nachhinein Vorwürfe zu machen. Dafür gibt es keinen Grund. Es ist ein schwieriger, manchmal kaum zu meisternder Balanceakt, den Wunsch nach neuen Reizen zu stillen und gleichzeitig eine Überstimulierung zu vermeiden. Es ist fast so, als ob Sie beim Autofahren den einen Fuß auf dem Gaspedal und den anderen auf der Bremse haben. Das Resultat einer solchen paradoxen Handlung beschreibt der Schriftsteller Joris-Karl Huysmans in seinem Roman *Gegen den Strich* anhand seiner Hauptfigur Des Esseintes, die dieser Versuchung immer wieder erliegt: Der aufs Neue erstrebte Reiz «ließ seine gerädeten Nerven wieder erzittern und stürzte ihn in eine solche Entkräftigung, dass er ohnmächtig ... niedersank».

Introvertiert oder extrovertiert

70 Prozent aller Hochsensiblen sind introvertiert und nur 30 Prozent extrovertiert. Wenn ich zu einem Seminarteilnehmer oder einer Seminarteilnehmerin sage, dass ich den Eindruck habe, er oder sie sei introvertiert, stoße ich häufig auf Protest: «Nein, ich bin niemand, der am liebsten allein zu Hause sitzt.»

Introvertiert zu sein, gilt heutzutage als Makel und sogar fast als Beleidigung. Man denkt dabei an jemanden, der verschlossen ist und sich nicht für andere Menschen interessiert, seine Zeit am liebsten allein verbringt und sich mit sich selbst beschäftigt oder den ganzen Tag vor dem Computer sitzt.

Laut dem Psychoanalytiker C. G. Jung ist eine introvertierte Person ein Mensch, der sich mehr für die Innen- anstatt für die Außenwelt interessiert. Und dabei handelt es sich wohlgemerkt nicht ausschließlich um seine eigene Innenwelt. Es kann sich ebenso um die eines anderen Menschen handeln.

Wenn Sie introvertiert sind, langweilen Sie sich, wenn sich ein Gespräch längere Zeit auf eine oberflächliche Weise um etwas Materielles dreht. Smalltalk finden Sie anstrengend, aber Sie führen gerne tiefgründige Gespräche zu zweit oder in einer kleineren Gruppe, mit der Sie ein gemeinsames Interesse teilen. Sie halten sich nicht gerne unter vielen Menschen auf, sondern ziehen kleinere Gruppen vor, die Ihnen weniger abverlangen.

Wenn Sie zu den extrovertierten Hochsensiblen gehören, können Sie trotzdem nicht unbegrenzt extrovertiert sein. Sie benötigen genauso viel Zeit, in der Sie sich zurückziehen und Ihre Eindrücke ordnen können, wie introvertierte Hochsensible.

Dass Hochsensible oft mit introvertierten Menschen verwechselt werden, liegt an den Gemeinsamkeiten der beiden Charakterzüge. Das reiche Innenleben und die tiefe Nachdenklichkeit von Hochsensiblen entsprechen exakt dem, was Jung als Introversion bezeichnet.

Weder Introvertierte noch Sensible brauchen viele Reize. Sie zehren von ihren eigenen lebendigen Gedanken und Fantasien. Zu reflektieren und ihre Eindrücke zu verarbeiten, kostet sie viel Kraft. Zugleich ist erwiesen, dass einige Hochsensible sowohl die Tiefgründigkeit des Introvertierten besitzen als auch zugleich sozial extrovertiert sind und sich in einer Umgebung mit vielen Menschen wohlfühlen. Sie sind typischerweise mit vielen Menschen aufgewachsen, so dass sie sich sicher und geborgen in Gesellschaft fühlen. Vielleicht sind sie mit zahlreichen Geschwistern groß geworden, lebten in einer Folkehøjskole* oder in einer Wohngemeinschaft. Gesellschaftlicher Druck kann ein anderer Grund dafür sein, warum Hochsensible sozial aufgeschlossen werden. Wenn Sie in Ihrer Familie nur Anerkennung erfuhren, wenn Sie fröhlich und extrovertiert waren, haben Sie diese Haltung möglicherweise verinnerlicht.

Es ist durchaus nachvollziehbar, dass 70 Prozent der Hochsensiblen sozial introvertiert sind. Denn kleinere Gruppen erleichtern tiefgründiges Nachdenken und unter wenigen Menschen wird man nicht so leicht überstimuliert.

Hochsensibel und gleichzeitig extrovertiert zu sein, stellt keinen Widerspruch dar. Es führt jedoch zu entsprechender Frustration, wenn der extrovertierte Hochsensible wesentlich mehr Menschen um sich haben möchte, als er eigentlich ertragen kann. Dem Introvertierten ergeht es genauso, jedoch in abgeschwächter Form.

Die Vor- und Nachteile von Typeneinteilungen

Kaum jemand wird einem bestimmten Typus hundertprozentig entsprechen, sonst müsste es so viele Typenbeschreibungen wie Menschen geben. Um dennoch eine Zuordnung vorzunehmen, lassen Sie vielleicht Seiten an sich, die davon abweichen, außer Acht. Dies kann jedoch zur Folge haben, dass Sie sich eine bestimmte Rolle zuschreiben und dabei völlig vernachlässigen, dass Sie sich zu einem gewissen Grad weiterentwickeln und verändern können.

---

* Eine Folkehøjskole kann in Dänemark jeder besuchen. Es wird keine bestimmte Schulbildung vorausgesetzt. Im Unterschied zu einer deutschen Volkshochschule lebt man in dieser Zeit jedoch auch dort über mehrere Wochen oder sogar Monate.

Menschen in unterschiedliche Typen einzuteilen, veranschaulicht, wie verschieden Menschen tatsächlich sind. Ist man sich dessen nicht bewusst, besteht die Gefahr zu glauben, alle anderen seien wie man selbst. Handeln sie jedoch anders, als man es selbst in der gleichen Situation getan hätte, glaubt man, dass etwas nicht stimmt. Bevor ich mich mit den unterschiedlichen Typen auseinandergesetzt hatte, war ich der Meinung, Menschen, die jede Menge Energie und Elan haben, verdrängen etwas und laufen vor etwas davon. Jetzt glaube ich, sie ticken einfach nur völlig anders als ich.

Extrovertierte, die sich der Bandbreite an unterschiedlichen Charakterzügen nicht bewusst sind, behaupten von Introvertierten häufig, sie seien reserviert, egoistisch, geizig mit ihrer Zeit und würden sich nicht für andere interessieren. Verbringt der Introvertierte lieber einen Abend allein anstatt mit seinem extrovertierten Partner, hat dieser häufig den Eindruck, etwas stimme nicht. Für ihn ist es einfach nicht nachvollziehbar, dass es angenehm sein kann, über einen längeren Zeitraum alleine zu sein. Sich die unterschiedlichen Typen bewusstzumachen, hilft vielen Paaren dabei, einander besser zu verstehen.

2 Hohe Erwartungen an sich selbst und ein geringes Selbstwertgefühl

∾

Persönliche Lebensregeln

Nicht immer ist einem bewusst, welchen Lebensregeln man folgt. Vielleicht sind es die Regeln des Vaters oder der Mutter. Vielleicht hat man sie sich selbst zu einem früheren Zeitpunkt in seinem Leben angeeignet.

Mit Lebensregeln ist es ähnlich, wie mit einem Löffel zu essen. Wenn man als Kind gerade dabei ist, das zu lernen, muss man bewusst daran denken, wie man den Löffel hält, und üben, wie er gedreht und zum Mund geführt wird. Hat man es einmal gelernt, geht es automatisch und man braucht nicht mehr darüber nachzudenken, wie es funktioniert.

Vielleicht leben Sie ganz automatisch nach irgendwelchen Regeln, die Sie sich einmal angeeignet haben und die Ihnen schon lange nicht mehr auffallen. Problematisch ist dabei, dass die Regeln schon lange überholt sein können und ihren Zweck gar nicht mehr erfüllen.

Für Hochsensible können ausgedehnte gesellschaftliche Veranstaltungen eine Herausforderung sein. Wenn Sie noch dazu in Gesellschaft versuchen, alte, starre Lebensregeln zu befolgen – die Sie für sich selbst vermutlich strenger formulieren als jene, die Sie für andere aufstellen –, fühlen Sie sich schnell ausgelaugt. Im Folgenden führe ich eine Reihe von Beispielen für problematische Lebensregeln an, auf die ich bei Hochsensiblen gestoßen bin:

- Ich muss in jeder Situation mein Allerbestes geben und möglichst noch mehr.
- Ich muss verhindern, dass andere meine Schwächen entdecken.
- Ich darf nicht egoistisch sein.
- Ich muss anderen gegenüber immer aufmerksam sein und dafür sorgen, dass es ihnen gut geht.
- Es ist unhöflich, sich selbst im Beisein anderer Beachtung zu schenken.
- Ich darf keine Fehler machen.

Hohe Erwartungen an sich selbst

Hochsensible haben häufig überaus hohe Erwartungen an sich selbst. Dies zeigt sich beispielsweise in folgenden Bereichen:

- Hilfsbereitschaft
- Gastfreundschaft
- Nachdenklichkeit
- Aufmerksamkeit
- Rücksichtnahme
- Verantwortungsgefühl
- Interesse für andere

Vielleicht haben Sie einige Lebensregeln, die von Ihnen fordern, immer alles hundertprozentig zu machen, damit Sie vor sich selbst bestehen können. Dadurch fällt es Ihnen schwer, sich zu entspannen und Grenzen zu setzen, denn jedes Mal, wenn Sie eine Grenze ziehen, geraten Sie mit Ihren Lebensregeln und Ihrem Selbstbild in Konflikt.

Selbstwertgefühl und Selbstvertrauen

Selbstwertgefühl und Selbstvertrauen können wie folgt unterschieden werden:

- Selbstvertrauen ist ein Vertrauen in das, was man kann und macht.
- Selbstwertgefühl ist ein Gefühl für das eigene Innerste; dazu gehört im Wesentlichen, aus tiefer Überzeugung an seinen eigenen Wert zu glauben.

Es kommt selten vor, dass jemand ein starkes Selbstwertgefühl besitzt, aber zugleich wenig Selbstvertrauen. Wer ein gutes Gefühl für sich selbst hat, findet Herausforderungen im Leben, die zu ihm passen und ihm ausreichend Erfolgserlebnisse bescheren.

Die umgekehrte Situation, nämlich dass jemand großes Selbstvertrauen, dabei aber ein geringes Selbstwertgefühl besitzt, gibt es hingegen häufig. Menschen mit einem geringen Selbstwertgefühl werden als Kompensation oft härter arbeiten als andere und sich auf den unterschiedlichsten Gebieten hervortun. Ein engagierter Mitarbeiter ist, was seine Arbeit anbelangt, oft von seinem Können überzeugt und tritt selbstsicher auf, wenn es um seine fachlichen Fähigkeiten geht. Zugleich kann er jedoch innerlich zutiefst unsicher sein und sich fragen, ob er wirklich gut genug ist, um von anderen gemocht zu werden.

Warum es Hochsensiblen häufig an Selbstwertgefühl mangelt

Hohe Erwartungen an sich selbst gehen in der Regel mit einem geringen Selbstwertgefühl einher. Hohe Ansprüche dienen häufig der Kompensation. Je weniger Sie davon überzeugt sind, es wert zu sein, geliebt zu werden, umso eher bedienen Sie sich kompensierender Strategien.

Mangelndes Selbstwertgefühl bei Hochsensiblen ist auf mehrere Ursachen zurückzuführen:

- Sie sind in einer Kultur groß geworden, deren Verhaltensnormen sie nicht erfüllen. Einige Hochsensible bekamen bereits als Kind zu hören, sie hätten einen schwierigen Charakter.

«Meine Mutter sagte immer zu mir, ich sei zu sensibel.»
Inger, 50 Jahre

- Manche Hochsensiblen sind seit ihrer Geburt eine Belastung für ihre Umgebung, speziell für ihre Eltern. Das ist ihnen mit Sicherheit nicht verborgen geblieben. Ein widerstandsfähigeres Kind vergisst so etwas eher wieder, doch bei einem hochsensiblen Kind setzt sich die Überzeugung fest, es sei der Grund für die Erschöpfung von jemand anderem, und das macht ihm Angst.
- Sie machen sich gerne Selbstvorwürfe. Beim Versuch vorherzusehen, was misslingen könnte, überlegen sie automatisch, ob der Fehler bei ihnen liegt. Sie geben sich lieber selbst die Schuld, als zu riskieren, dass andere sie mit Kritik überraschen.

«Wenn mich jemand kritisiert, denke ich lange darüber nach. Sogar wenn die Kritik nicht angebracht scheint, frage ich mich, ob sie stimmen könnte, und rede mir ein, ich würde es vielleicht nur nicht hören wollen.» Janne, 31 Jahre

- Sie tragen häufig die Last anderer mit sich herum, die sie seit ihrer Kindheit gewissermaßen in sich aufgesogen haben. Folgende Selbstbeschreibung ist beispielhaft dafür:

> «Ich habe immer mir die Schuld daran gegeben, dass meine Mutter nicht glücklich war. Ich schämte mich dafür, nichts gegen ihre Depressionen tun zu können, und dachte, es müsse an mir liegen.» Ida, 52 Jahre

Ein geringes Selbstwertgefühl und hohe Erwartungen an sich selbst bedingen einander

Vielleicht haben Sie schon einmal mehr oder weniger unbewusst gedacht:

«Ich bin ein schwieriger Mensch, aber wenn ich mich besonders anstrenge, um anderen zu gefallen, werde ich sie nicht verlieren.» Das bedeutet nichts anderes als: «Wenn ich mich nicht besonders anstrenge, werde ich alleine sein.»

Oder:

«Genau betrachtet bin ich für andere nicht liebenswert, aber wenn ich mir ganz viel Mühe gebe, darf ich dennoch ein Teil der menschlichen Gemeinschaft sein.» Das bedeutet nichts anderes als: «Wenn ich mir keine Mühe gebe, werden mich alle verlassen.»

Ein geringes Selbstwertgefühl und hohe Erwartungen an sich selbst können einander bedingen. Doch wenn man von sich selbst glaubt, nicht liebenswert zu sein, und sich keiner kompensierenden Strategie bedient, wird man eines Tages die Erfahrung machen, einem Trugschluss erlegen zu sein.

Sie werden zwangsläufig auf Menschen treffen, die Sie mögen. Die Realität wird Ihre falsche Selbsteinschätzung korrigieren.

Halten Sie hingegen an Ihren hohen Erwartungen und den entsprechenden Strategien fest, können Sie nicht wissen, ob jemand Sie einfach als Mensch mag oder nur, weil Sie beispielsweise besonders hilfsbereit sind. Ihre Überzeugung, nicht liebenswert zu sein, erhalten Sie somit selbst am Leben. Sogar wenn Sie immer wieder im Laufe Ihres Lebens Liebe erfahren, reden Sie sich möglicherweise insgeheim ein, dass Ihnen diese nur aufgrund Ihrer hohen Ansprüche, die Sie an sich selbst stellen, zuteilwird und nicht, weil Sie als Person liebenswert sind. Dies tat eine Klientin, die auf meine Frage, ob sie glaube, dass ich sie möge, antwortet: *«Ja, aber ich bezahle ja dafür.»*

Ich höre oft von Klienten: *«Ich bin froh darüber, dafür zu bezahlen, um hierher zu kommen. Auf diese Weise brauche ich mir keine Gedanken darüber zu machen, ob ich auch ein angenehmer und interessanter Patient bin.»*

Viele Menschen bezahlen dafür, ein Mitglied der menschlichen Gemeinschaft zu sein. Dies kann beispielsweise durch Aufmerksamkeit und Hilfsbereitschaft, die das übliche Maß übersteigen, geschehen. Sollte das bei Ihnen auch der Fall sein, werden Sie niemals Gewissheit erlangen, ob es Ihre Leistung ist, die geschätzt wird, oder ob es Sie als Person sind. So entwickeln und befördern Sie trotz guter Erfahrungen ein geringes Selbstwertgefühl.

Zu hohe Erwartungen an sich selbst beeinflussen das Selbstwertgefühl ebenfalls negativ, weil Sie stets aufs Neue von sich enttäuscht werden – denn Sie überfordern sich selbst mit Anforderungen, die niemand erfüllen kann. Wenn Sie darüber hinaus auch noch zu Selbstvorwürfen neigen, geraten Sie leicht in einen Teufelskreis.

Der Teufelskreis

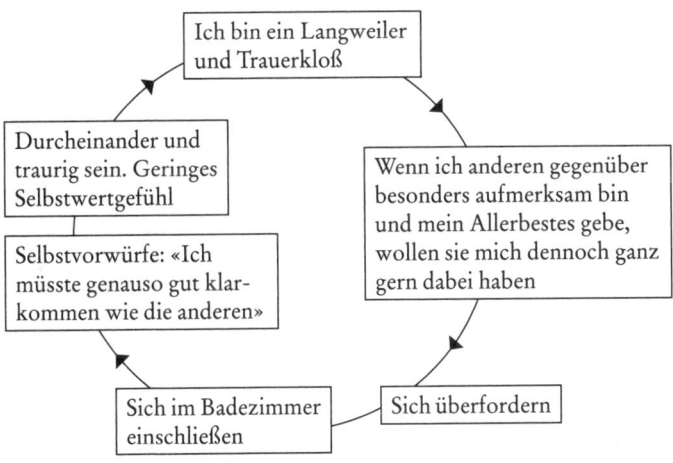

Wenn Sie sehr hohe Erwartungen an sich stellen, müssen Sie diese unbedingt herunterschrauben. Ansonsten überfordern Sie sich. Bereits allein dadurch, dass Sie sich mit Ihren Lebensregeln kritisch beschäftigen und auseinandersetzen, wird ein positiver Prozess in Gang gesetzt. Und dann heißt es nur noch üben. Wenn Sie den Mut haben, mit Ihren Lebensregeln zu brechen, werden Sie feststellen, dass die von Ihnen befürchteten Katastrophen gar nicht eintreffen. Und jedes Mal, wenn Sie diese Erfahrung machen – auch wenn Sie dabei Ihren hohen Ansprüchen an sich selbst nicht genügen –, wird Ihre weniger perfektionistische und entspannte Seite gestärkt.

Wenn Sie mit Ihren Lebensregeln brechen und Ihre Ansprüche an sich selbst herunterschrauben, werden Sie die Erfahrung machen, dass die meisten Menschen Sie – entgegen Ihren Befürchtungen – dennoch mögen. Einige werden Ihnen wahrscheinlich sogar sagen, Sie wirkten nun entspannter und kontaktfreudiger, daher sei es angenehmer, mit Ihnen Zeit zu verbringen.

Die Erfahrung, Sie selbst sein zu können, ohne ständig etwas leisten zu müssen, wird sich wiederum positiv auf Ihr Selbstwertgefühl auswirken. Wenn Sie Ihre Erwartungen an sich herunterschrauben, haben Sie für das Zusammensein mit anderen mehr Kraft. Auf diese Weise entkommen Sie dem Teufelskreis.

Es ist schwer, die Ansprüche an sich selbst herunterzuschrauben

Wenn Sie sich im Leben häufig viel abverlangt haben, werden Sie davor zurückschrecken, dies nicht mehr zu tun. Fangen Sie mit kleinen Schritten an. Sagen Sie normalerweise immer Ja, wenn jemand Sie um etwas bittet, dann versuchen Sie einmal, Nein zu sagen. Sie können auch damit anfangen, Ihre Hilfsbereitschaft einzuschränken. «Ja – ich pass gerne auf deine Kinder auf, aber nur bis 21 Uhr, weil ich danach noch etwas anderes vorhabe.»

Möglicherweise befürchten Sie, dass andere sich von Ihnen abwenden, wenn Sie Ihre Ansprüche an sich herunterschrauben. Das kann durchaus vorkommen. Es ist ja nicht auszuschließen, dass einige Ihrer Freunde genau deshalb mit Ihnen Freundschaft geschlossen haben, weil es angenehm und bequem ist, mit jemandem befreundet zu sein, der ausnehmend hilfsbereit, aufmerksam und rücksichtsvoll ist. Vielleicht verlieren diese Freunde das Interesse an Ihnen, wenn Sie Ihre Hilfsbereitschaft einschränken.

Sie sollten sich deshalb vorher damit auseinandersetzen, ob Sie das Risiko eingehen wollen, Freunde möglicherweise auch zu verlieren. Fragen Sie sich, ob es sich lohnt, an Menschen festzuhalten, die nur deshalb mit Ihnen befreundet sind, weil es bequem ist, mit Ihnen zusammen zu sein. Denn seien Sie ehrlich mit sich selbst: Können Sie diese Menschen wirklich als Freunde bezeichnen?

Sie sollten das Ganze auch von der positiven Seite aus betrachten: Sie nutzen die Gelegenheit und prüfen dadurch, ob mehr, eine echt Verbindung, hinter der Freundschaft steckt. Es ist unwahrscheinlich, dass all Ihre Freunde Sie verlassen werden. Bei einigen ist dies möglicherweise der Fall, aber dafür werden Sie mehr Zeit haben und können wieder bessere Freunde gewinnen, die Sie so mögen, wie Sie sind, und nicht vor allem für das, was Sie für sie tun.

Die Angst davor, verlassen zu werden

Für ein hochsensibles Kind mit einem empfindlichen Nervensystem ist die Erfahrung, alleingelassen zu werden oder sich in der Obhut von Fremden zu befinden, verstörender als für ein widerstandsfähigeres Kind. Das kann dazu beitragen, dass sich die Angst des Kindes verstärkt.

Vielleicht vergessen Sie manchmal, dass Sie bereits erwachsen sind. Sie haben vielleicht immer noch genauso viel Angst, verlassen zu werden, wie schon als Kind. Sie fühlen sich so, als ob Sie immer noch klein und hilflos und nicht imstande wären, allein zu überleben.

Kleinkinder benötigen ein gewisses Maß an liebevoller Pflege, ansonsten sterben sie. Erwachsene hingegen können Jahrzehnte lang auf einer einsamen Insel völlig allein überleben. Eventuell verringern sich Ihre Ängste, wenn Sie sich bewusstmachen, dass Ihre Kindheit vorüber ist, dass sie überlebt haben und das Leben nun nicht mehr ganz so gefährlich ist.

Doch manchmal sitzt die Angst so tief, dass nur neue Erfahrungen etwas ändern können. Wenn Worte nichts bewirken, helfen Erfahrungen.

«Ich habe mir für meinen Job vorgenommen, mich nicht immer nach den anderen zu richten. Als Erstes wollte ich meiner Kollegin sagen, wie sehr es mich stört, wenn sie am Telefon so laut spricht. Ich lag die halbe Nacht wach und ging mögliche Szenarien in meinem Kopf durch. Ich stellte mir vor, dass sie wütend aufstehen und zu unserem Chef gehen würde, um ihn zu bitten, mit jemand anderem das Büro teilen zu dürfen. Den ganzen Vormittag über habe ich auf eine Gelegenheit gewartet, es ihr zu sagen, doch immer wenn die Möglichkeit dazu bestanden hätte, habe ich mich doch nicht getraut. In der Mittagspause habe ich einen Spaziergang gemacht und, als ich zurückkam, tief Luft geholt und das gesagt, was ich mir vorgenommen hatte. Mein Herz pochte wie wild und mir blieb fast der Atem weg. Es wurde ganz still und ich wagte nicht aufzusehen. Die Sekunden schleppten sich nur so dahin. Dann sagte sie: ‹Ich finde, du hättest mir das früher schon mal sagen können. Aber ich bin froh, dass du es zumindest jetzt ansprichst.› Wir haben gemeinsam eine Lösung gefunden. Das war eine gute Erfahrung. Ich habe gemerkt, dass ich sie jetzt lieber mag, und ich glaube, ihr geht es auch so. Wir reden jetzt mehr miteinander als früher.

Diese Erfahrung hat mich wirklich darin bestärkt, die alten Regeln abzulegen. Danach ging ich nach Hause und erzählte meinem Mann, wie sehr es mich stört, wenn er in der Nacht aufsteht und das Licht anmacht.» Line, 43 Jahre

Wenn Sie die Lebensregeln über Bord werfen, die nicht zielführend sind, verschaffen Sie sich mehr Raum. Ihr Handlungsspektrum erweitert sich, weil Sie sich nicht länger durch unflexible Regeln einschränken lassen.

Die Aufwärtsspirale

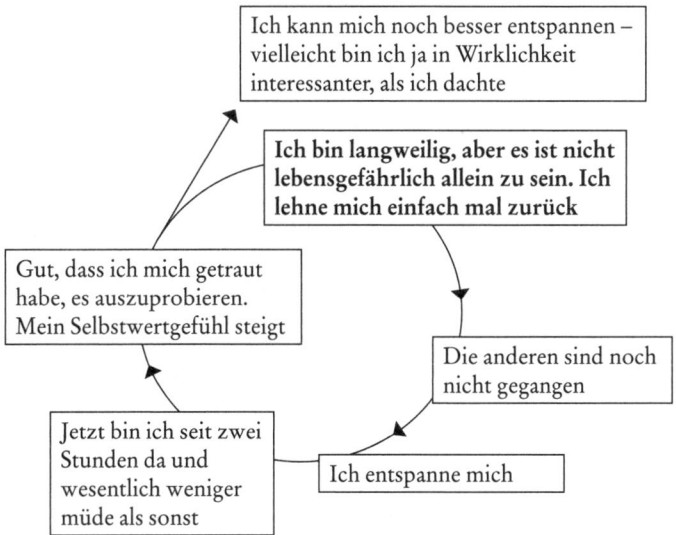

Ich kann mich noch besser entspannen – vielleicht bin ich ja in Wirklichkeit interessanter, als ich dachte

Ich bin langweilig, aber es ist nicht lebensgefährlich allein zu sein. Ich lehne mich einfach mal zurück

Gut, dass ich mich getraut habe, es auszuprobieren. Mein Selbstwertgefühl steigt

Die anderen sind noch nicht gegangen

Jetzt bin ich seit zwei Stunden da und wesentlich weniger müde als sonst

Ich entspanne mich

Den Schritt wagen

Viele warten ihr Leben lang, bis sie ihrem eigenen Selbstwertgefühl genügend vertrauen. Erst dann zeigen sie sich, wie sie wirklich sind und zahlen keinen hohen persönlichen Preis mehr für ihre strengen selbstauferlegten Regeln. Schneller geht es, wenn Sie diesen Schritt wagen, bevor Sie genügend Selbstvertrauen haben. Denn nach diesem Schritt stellt sich das Vertrauen von selbst ein. Allerdings kann sich das wie ein Sprung ins Ungewisse anfühlen.

Wenn Sie viel auf sich nehmen, um geliebt zu werden, ist es Ihre Aufgabe, damit aufzuhören. Wenn Sie große Anstrengungen auf sich nehmen, um jene Seiten zu verbergen, von denen Sie glauben, andere würden sie abschreckend finden, so stellt sich Ihnen dieselbe Aufgabe.

Sie sehnen sich bestimmt in Ihrem tiefsten Inneren danach, so geliebt zu werden, wie Sie sind – ohne sich die Liebe erst verdienen zu müssen. Die erste Voraussetzung für die Erfüllung Ihres Traums ist, dass Sie Ihren ganzen Mut zusammennehmen und zeigen, wer Sie sind.

Sie müssen Ihre künstliche Fassade aufgeben, auch wenn Sie befürchten, dass alle schreiend davonlaufen werden, wenn sie Sie so sehen. Das bedeutet, sich verwundbar zu machen, sich dem zu stellen, wovor Sie Angst haben. Es bedeutet, die Chance zu ergreifen – vielleicht machen Sie ja die Erfahrung, dass nicht alle weglaufen, manche rücken vielleicht sogar näher.

Wenn Sie aufhören, sich anzustrengen, um so zu sein, wie andere es möglicherweise von Ihnen erwarten, und Sie stattdessen anfangen, mehr von sich preiszugeben, werden Sie neue, kraftspendende Erfahrungen machen: Sie werden nicht aus der sozialen Gemeinschaft ausgestoßen werden. Viele werden Sie weiterhin genauso mögen, selbst wenn Sie Ihre weniger perfekten Seiten zeigen. Diese neuen Erfahrungen wirken wie ein Gegengift gegen die Angst und stärken Ihren Mut, so zu sein, wie Sie sind. Zugleich haben Sie mehr Energie, wenn Sie mit anderen zusammen sind; Sie können länger auf gesellschaftlichen Veranstaltungen verweilen und sie genießen.

3 Richten Sie Ihr Leben nach Ihrem Charaktertyp aus

∞

Geben Sie Ihrer Sensibilität Raum

Um von Ihrer Sensibilität möglichst stark zu profitieren, sollten Sie ihr Raum geben und sie genießen. Wenn man etwas ablehnen muss, was man eigentlich gerne getan hätte, bedeutet dies einen Verlust. Wenn Sie Ihrer Sensibilität in Ihrem Leben keinen Platz verschaffen, um die Vorzüge dieser Eigenschaft Ihrer Persönlichkeit zu genießen, werden die Verluste zu groß.

Je nachdem, wie Ihre Interessen gelagert sind, könnten Sie sich für folgende Dinge mehr Zeit nehmen:

* Naturerlebnisse
* Kreativität
* Philosophieren
* Tun Sie Ihrem Körper etwas Gutes: laufen, tanzen, Massage, schwimmen, ein Bad oder auch nur ein Fußbad nehmen.
* Verwöhnen Sie Ihre Sinne: Kaufen Sie sich duftende Blumen, essen Sie gut, umgeben Sie sich mit Dingen, die Sie gerne anschauen; hören Sie Musik, die Sie mögen.
* Verbringen Sie Zeit mit Tieren.
* Schreiben Sie Tagebuch, Gedichte oder Bücher.
* Schauen Sie sich Kunst an – oder werden Sie selbst kreativ.
* Pflegen Sie intensive und wertvolle Beziehungen.

Lassen Sie sich von der Liste am Ende des Buches zu Beschäftigungen inspirieren, die Hochsensiblen Spaß machen und guttun.

Damit Sie Raum für das schaffen, was Ihnen guttut, müssen Sie zu anderem Nein sagen.

Grenzen setzen

Sie müssen unbedingt Nein sagen können. Wenn es Ihnen schwerfällt, Grenzen zu setzen, müssen Sie das lernen. Ansonsten kann es leicht passieren, dass Sie die meiste Zeit über mehr oder weniger überstimuliert werden. Dass es Hochsensiblen schwerfällt, Grenzen zu setzen, ist u. a. darauf zurückzuführen, dass sie eine niedrigere Toleranzgrenze besitzen als andere Menschen. Was für einen widerstandsfähigeren Charakter nicht von Bedeutung ist, kann für einen hochsensiblen Menschen ein Problem darstellen.

«Ich treffe mich alle zwei Monate mit einer Sparringspartnerin, die 200 Kilometer entfernt wohnt. Wir sehen uns stets bei mir. Wenn ich die Strecke mit dem Auto fahren müsste, wäre ich zu erschöpft, wenn ich dort ankäme. Sie hingegen entspannt sich beim Autofahren und nimmt gerne die Strecke auf sich. Wir treffen uns immer für drei Stunden. Ich benötige zwischendurch eine Pause, in der sich jeder allein entspannt. Ich schaffe es nicht immer, dies einzufordern. Sie braucht das nicht, nicht einmal, wenn sie sehr früh aufgestanden ist, um pünktlich da zu sein. Und deswegen habe ich das Gefühl, dass ich auch nicht dieses Bedürfnis haben sollte. Das Problem ist: Wenn ich mir keine Pause verschaffe, kann ich die letzte halbe Stunde kaum zuhören, weil ich überstimuliert bin.» Lotte, 45 Jahre

Sie befinden sich sicherlich häufig in diesem Dilemma: Einerseits wollen Sie anderen ungern Umstände bereiten, andererseits müssen Sie aber auf Ihre Sensibilität Rücksicht nehmen, um letzten Endes Ihren Mitmenschen nicht noch mehr Umstände zu bereiten, weil Sie überstimuliert oder krank werden.

Ein Dilemma anzusprechen, kann helfen:

- «Ich möchte nicht unhöflich sein, aber ich möchte, dass du bald nach Hause fährst, weil ich allmählich zu müde bin, um dir noch richtig zuzuhören.»
- «Ich würde gerne noch etwas länger bleiben, aber ich fühle mich sehr erschöpft. Wenn ich nicht bald nach Hause fahre, schaffe ich meine Arbeit morgen nicht.»
- «Es fällt mir schwer, mich von unserem interessanten Gespräch loszureißen, aber ich weiß, dass wir beide mehr Spaß daran haben werden, wenn wir es zu einem späteren Zeitpunkt fortsetzen, wenn ich weniger müde bin.»

Vielleicht grübeln Sie manchmal so lange über ein Dilemma nach und hoffen, eine Lösung zu finden, die alle zufriedenstellt, dass Sie schließlich zu erschöpft sind, um diese Lösung in einer rücksichtsvollen Art und Weise vorzubringen. Dann fallen Sie vielleicht einfach mit der Tür ins Haus oder Sie schleichen sich zum Hinterausgang hinaus, in der Hoffnung, dass es niemandem auffällt.

Wenn Sie das Dilemma offen ansprechen, löst es sich manchmal von selbst, und die anderen haben das Gefühl, zur Lösung beigetragen zu haben.

Wenn Gäste nicht gehen wollen

Gastfreundschaft ist kulturell bedingt. So bietet man Gästen so lange eine weitere Tasse Kaffee an, bis diese von selbst den

Wunsch äußern, aufbrechen zu wollen. Da die meisten Menschen Gesellschaft wesentlich länger ertragen als Hochsensible, geraten Letztere häufig in eine Zwickmühle.

Einige Hochsensible laden keine Gäste mehr ein, weil sie befürchten, diese könnten so lange bleiben, bis sie am Ende völlig erschöpft sind. Rilkes *Die Aufzeichnungen des Malte Laurids Brigge* beschreiben sehr anschaulich und überaus treffend das Wohlempfinden, das sich bei einer Pause nach einer solchen Flut an Reizen einstellt: «Nun wurde es still. Still, wie wenn ein Schmerz aufhört. Eine eigentümlich fühlbare Stille, als ob eine Wunde heilt.»

Nach einigen Jahren der Übung ist es für mich als hochsensibler Mensch selbstverständlich geworden, mit den Gästen vorher zu verabreden, wie lange ein Besuch ungefähr dauern soll. Diejenigen, die mich gut kennen, wissen, dass ich leicht überstimuliert werde. Daher pflegt sich jeder zwischendurch in ein separates Zimmer zurückzuziehen, wenn wir längere Zeit zusammen sind.

Manchmal muss ich mich immer noch zusammenreißen, mein Bedürfnis auch auszusprechen. Und bisweilen – besonders wenn ich müde bin – vermeide ich es und mache mir und dem anderen vor, die Pause sei nicht notwendig. Die Rechnung für das Versäumnis, meine Bedürfnisse ernst zu nehmen, bekomme ich entweder am Ende des Treffens – wenn ich kaum noch ansprechbar bin – oder am nächsten Tag – wenn ich müder bin als gewöhnlich.

Es kann Ihnen helfen, vor anderen zuzugeben, dass Sie leicht müde werden und dass Sie ab und zu sehr gerne zu gesellschaftlichen Veranstaltungen gehen, wenn auch nicht stundenlang und nicht ohne Pause.

Wenn Sie etwas ablehnen müssen, was Sie gerne tun würden

Besonders anstrengend und unangenehm ist es, hochsensibel zu sein, wenn Sie in Situationen geraten, in denen Sie etwas ablehnen müssen, was Sie gerne tun würden. Sie haben sich vielleicht viele Jahre lang geärgert, dass Ihre Toleranzgrenze niedriger ist als bei anderen. Vielleicht haben Sie sich aus Ärger gezwungen, Situationen zu ertragen, die Ihr sensibles Nervensystem belasten. Möglicherweise wollten Sie Ihre Einschränkung nicht akzeptieren und den Glauben daran nicht aufgeben, dasselbe schaffen zu *können* wie viele andere.

> «*Manchmal sage ich zu etwas Ja, das mir zu viel ist, weil es mich stört, nicht genau dasselbe leisten zu können wie andere. Weil ich aber ein zu schlechtes Gewissen hätte, wieder abzusagen, werde ich bei der Verabredung dann ganz wirr im Kopf vor Müdigkeit. Ich bin dann nicht mehr imstande, mit anderen zu kommunizieren, weil ich meine ganze Kraft darauf verwende, so zu tun, als ob mit mir alles in Ordnung sei. Danach bin ich mehrere Tage lang müde und unglücklich.*» Helle, 31 Jahre

Solange Sie wegen Ihrer Sensibilität wütend sind – entweder auf sich selbst oder auf andere –, sind Sie in einen aussichtslosen Kampf verwickelt. Sobald Sie jedoch akzeptieren, dass Sie nur so viel bewältigen können, wie Sie eben bewältigen – ob es nun mehr oder weniger ist –, verwandelt sich die Wut zunächst in Trauer. Trauer darüber, dass Sie einige Unternehmungen absagen müssen, ob Sie wollen oder nicht.

Aus diesem Grund berichten auch einige Hochsensible davon, sich bisweilen einsam zu fühlen.

«Ich sage mittlerweile zu vielem Nein und klinke mich aus, weil ich weiß, dass es mir zu viel wird. Mir geht es besser, seitdem ich das mache. Aber ich fühle mich manchmal ziemlich einsam. Wenn ich beispielsweise an einem Büro vorbeikomme, in dem sich mehrere meiner Kollegen versammelt haben, und ich mitbekomme, wie sie lachen und sich amüsieren, merke ich, dass mir etwas fehlt. Ich wäre gerne dabei.»
Martin, 40 Jahre

Hat man sich die eigene Hochsensibilität eingestanden, schließt sich daran häufig eine Periode an, in der man sehr müde und traurig ist. Manchmal dauert es eine ganze Zeit, sich von dem Traum zu verabschieden, eines Tages genauso widerstandsfähig zu sein wie viele andere.

Doch wenn sich eine Tür vor einem schließt, passiert es häufig, dass sich gleichzeitig eine oder mehrere andere öffnen. Geben Sie den Versuch auf, genauso widerstandsfähig und tatkräftig sein zu wollen wie viele andere. Bringen Sie stattdessen Ihr Leben mit Ihrer Sensibilität in Einklang. Sie werden merken, dass Sie ohne weiteres glücklich sein können, auch wenn Sie dem großen Druck, hohen Tempo und einer unsensiblen Umgebung nicht gewachsen sind. Hochsensible fühlen sich im richtigen Umfeld manchmal sogar wohler als Menschen, die nicht hochsensibel sind.

Ratschläge und Tipps
gegen Überstimulation von außen

Stimulation kann sowohl durch innere als auch äußere Reize hervorgerufen werden. Man kann auch durch seine eigenen Gedanken und Träume überstimuliert werden.

Ich möchte mit der Stimulierung von außen beginnen:
80 Prozent unserer Eindrücke nehmen wir durch das Auge
auf. Vielen Reizen können wir uns entziehen, indem wir
einfach die Augen schließen. Bauen Sie Zeiten in Ihren Alltag
ein, in denen Sie die Augen zumachen und sich Ihre visuelle
Aufmerksamkeit erholen kann. Wenn Sie ungern die Augen
schließen, dann suchen Sie sich einen neutralen, unbeweg-
lichen Punkt, den Sie mit den Augen fixieren. Schließen Sie
die Augen, beispielsweise wenn Sie Zug oder Bus fahren oder
wenn Sie vor dem Fernseher sitzen und ihn gerade nicht ausmachen können, weil andere fernsehen.

Reize, die durch das Auge auf uns einströmen, lassen sich
auch durch eine dunkle Sonnenbrille, einen Hut oder einen
großen Regenschirm reduzieren.

Geräusche von außen können durch Ohrstöpsel oder Kopfhörer mit Musik abgeschirmt werden. Der iPod ist für mich
eine tolle Erfindung. Ich habe ihn immer dabei, um mich vor
Geräuschen zu schützen, die mich ansonsten irritieren würden. Wenn jemand neben mir anfängt zu telefonieren, blende
ich das durch Musik aus.

Wenn ich einen Vortrag halten soll, höre ich fünf Minuten
vor Beginn ein bestimmtes Musikstück. Ich gebe mich vollständig der Musik hin, die mich beruhigt, und ich konzen-
triere mich dabei gleichzeitig auf mich selbst. Einmal habe ich
meine Kopfhörer vergessen, wodurch ich den Unterschied,
den die Musik macht, deutlich gemerkt habe. Als ich den Vortrag hielt, war ich nicht so präsent wie sonst. Bruchstücke einer Unterhaltung, die ich fünf Minuten vorher aufgeschnappt
hatte, nahmen meine Aufmerksamkeit in Beschlag und behin-
derten meine Konzentration.

Es ist einem nicht immer bewusst, wie belastend Geräusche
sein können. Manchmal merkt man das erst hinterher. Ich
kann mich beispielsweise in einem überfüllten Café wohlfühlen, sogar die Geräuschkulisse ausblenden und mich voll auf
mein Gegenüber konzentrieren. Doch wenn ich dann raus an

die frische Luft komme, merke ich, wie eine innere Anspannung von mir abfällt und wie müde ich anschließend bin.

«Ich habe früher kaum darüber nachgedacht, aber seit ich angefangen habe, eine Sonnenbrille zu tragen und Musik zu hören, kann ich mich mehrere Stunden in der Stadt aufhalten und ich bin wesentlich weniger müde, wenn ich nach Hause komme, als früher.» Hans, 33 Jahre

Ein paar Ratschläge für den Schlaf

Wenn Sie überstimuliert sind, erscheint es verlockend, sich im Bett zu verkriechen und zu schlafen. Damit können Sie viel Zeit vergeuden. Schlaf tut gut, wenn Sie unter Schlafmangel leiden. Er hilft jedoch nicht gegen Überstimulation. Im Gegenteil, Schlaf kann auch stimulierend wirken, beispielsweise wenn Sie intensiv träumen.

Viele Hochsensible berichten, dass sie schlecht schlafen, wenn sie überstimuliert ins Bett gehen. Es ist wichtig, innerlich zur Ruhe gekommen zu sein, bevor Sie sich schlafen legen.

«Fast jeden Abend bevor ich ins Bett gehe, schreibe und zeichne ich ein wenig. Auf diese Weise verarbeite ich den Tag und komme mit mir ins Reine. Wenn ich das tue, schlafe ich besser.» Rita, 70 Jahre

Sie verarbeiten Ihre Eindrücke am besten, wenn Sie wach bleiben und sich nicht hinlegen oder vor sich hin träumen. Sich ruhig hinzusetzen und nur sehr wenig zu tun, hilft ausgezeichnet gegen Überstimulation. Ich nenne die Zeit, die man benötigt, um sich nach einer Überstimulation zu erholen, vegetative Zeit. Das ist häufig eine Zeit, die ausgehalten werden muss. Sie ist nicht unbedingt besonders angenehm, und manchmal merken Sie die positiven Auswirkungen auf Ihren gesamten Organismus auch erst einen Tag später.

Während der vegetativen Zeit müssen Sie nicht völlig passiv sein. Wichtig ist, dass sich Ihr Bewusstsein erholt. Meiden Sie möglichst neue Reize, damit Ihre Energie sich nach innen richten kann. Auf diese Weise verarbeiten Sie bereits vorhandene Eindrücke und finden Ihr Gleichgewicht wieder. Sie können dabei gut Routinearbeiten erledigen wie beispielsweise einen Abwasch oder Sport treiben. Es ist gut möglich, dass Sie das Gefühl haben, in dieser Zeit nichts Produktives zu tun. Doch das stimmt nicht, weil in Ihrem Inneren sehr viel passiert. Danach werden Sie imstande sein, mit neuer Energie intensiv im Hier und Jetzt zu sein.

Die meisten hochsensiblen und empfindsamen Menschen werden auch vor einem anstrengenden Tag vegetative Zeit benötigen. Wenn ich einen Seminartag bestreiten soll, brauche ich am Abend vorher meine Ruhe. Vor einem Seminartag muss ich Tabula rasa machen und darf den Kopf nicht voller unbearbeiteter Eindrücke vom Vortag haben.

Auch wenn zu viel Schlaf Zeitvergeudung sein kann, ist ein erfrischender Powernap ausgesprochen wohltuend. Wenn Sie aber länger als eine halbe Stunde schlafen, kommen Sie in die Tiefschlafphase, und das ist während des Tages nicht empfehlenswert. Dann werden Sie nämlich verwirrt und benommen sein, wenn Sie aufwachen, und Schwierigkeiten haben, wieder richtig wach zu werden. Denken Sie also daran, sich den Wecker zu stellen, wenn Sie sich tagsüber schlafen legen.

Wasser, Bewegung und Körperkontakt helfen

Auf viele Hochsensible übt Wasser eine Anziehungskraft aus. Es hat eine positive Wirkung, ob sie es nun trinken, daran entlangwandern, ein Bad nehmen oder schwimmen gehen. Ich nehme fast täglich ein Fußbad. Meinen Füßen tut das gut. Danach massiere ich sie mit Öl ein. Das entspannt, trägt zum Wohlbefinden bei und verhilft nicht zuletzt zu besserem Schlaf, wenn es kurz vor dem Zubettgehen erfolgt.

Je besser Ihre Beziehung zu Ihrem Körper ist, desto weniger Angst und Überstimulierung verspüren Sie. Wenn Sie nervös sind, massieren Sie Ihre Füße. Eine gute Beziehung zu Ihrem Körper können Sie auf unterschiedliche Weise erzielen. Einige laufen oder tanzen, andere machen Entspannungsübungen oder visualisieren ihren Körper. Übungen, bei denen man sich den eigenen Atem und den eigenen Körper vergegenwärtigt, sind besonders hilfreich.

«Wenn ich sowieso zu überstimuliert bin, um mit anderen etwas zu unternehmen, habe ich angefangen, Sport zu treiben. Manchmal auch nur auf dem Fußboden in meinem Wohnzimmer. Abgesehen davon, dass ich dadurch eine bessere Beziehung zu meinem Körper bekomme, habe ich zugleich nicht mehr das Gefühl, Zeit zu vergeuden – und außerdem sind meine Oberarme jetzt recht ansehnlich dadurch.» Jens, 42 Jahre

Das Wort ergreifen hilft gegen Überstimulation

Während Eindrücke, die von außen auf Sie einwirken (Impressionen), Sie leicht (über-)stimulieren, bewirken Sie das positive Gegenteil, wenn Sie selbst das Wort ergreifen – also wenn Sie sich ausdrücken (Expressionen). Wenn Sie zuhören und allzu viel von anderen in sich aufnehmen, ohne selbst zu Wort zu kommen, sind Sie schneller erschöpft. Es hilft Ihnen, wenn Sie sich artikulieren. Deswegen ist es wichtig, dass Sie in Beziehungen achtsam mit sich umgehen und nicht wesentlich länger zuhören, als Sie selbst reden. Außerdem bereitet es vielen sensiblen Menschen große Freude, ihre Gedanken in einem Tagebuch festzuhalten oder ihnen durch Musik und Kunst Ausdruck zu verleihen.

Ratschläge und Tipps gegen Überstimulation aus dem eigenen Inneren

Wenn Sie zu negativem Denken neigen, kann es passieren, dass Sie sich mit trüben Gedanken und Selbstvorwürfen belasten oder überstimulieren. Dann helfen Ihnen vielleicht kognitive Techniken, Ihre Gedanken besser in den Griff zu bekommen: Mehr zu kognitiven Techniken finden Sie in Kapitel 8.

Es ist auf jeden Fall gut, sich hin und wieder bewusstzumachen, womit die eigenen Gedanken gerade beschäftigt sind. Wenn ich feststelle, dass meine Gedanken mich belasten, ohne dabei konstruktiv zu sein, interveniere ich und stoppe sie.

Manchmal ist es ein Problem, dass ich eine rege Fantasie habe, die schnell und leicht mein Kopfkino in Gang setzt.

Wenn ich beispielsweise unten im Keller ein unbekanntes Geräusch höre, kann es sein, dass ich mir vorstelle, die Treppe hinunterzugehen und auf einen Dieb zu stoßen. Und so entspinnt sich ein ganzer Film vor meinem inneren Auge, in dem ich mir alle Details ausmale, was ich in der Situation machen würde. Plötzlich merke ich, womit ich mich gerade beschäftige, und realisiere, dass ich dasitze und völlig angespannt bin. Will ich mich gerade erholen, dann ist das schlecht. Merke ich, dass ich mich mit etwas beschäftige, das mich völlig unnötig überstimuliert, unterbreche ich die Hirngespinste: Ich bedanke mich dann bei meinem Bewusstsein für sämtliche Bilder und dafür, dass es mich vor einem möglichen Einbrecher bewahrt. Manchmal muss ich mir ein rasches Ende ausdenken. Nur dann gelingt es mir, mich von meinen Gedanken zu befreien und mich etwas Relevanterem und Konstruktiverem zuzuwenden.

Von der eigenen Sensibilität erzählen

Wem soll man davon erzählen, dass man hochsensibel ist? Diese Frage wird mir oft bei meinen Vorträgen gestellt.

Grundsätzlich bin ich der Meinung, dass es für das engste Umfeld wichtig ist zu wissen, was es bedeutet, hochsensibel zu sein. Einige Menschen haben gute Erfahrungen damit gemacht, auch an ihrem Arbeitsplatz davon zu erzählen. Sie erlebten danach einen besonders fürsorglichen und aufmerksamen Chef. Andere haben die Erfahrung gemacht, dass sie nicht ernst genommen, sondern stattdessen als krank abgestempelt wurden oder als jemand, der sein Arbeitspensum verringern will.

Ich selbst bezeichne mich selten als «hochsensibel». Ich rede darüber, was ich brauche, was ich gut kann und wo ich Schwierigkeiten habe. Ich finde es nicht wichtig, dass andere wissen, dass meine besonderen Talente und Einschränkungen mit meiner Hochsensibilität zusammenhängen. Vor allem mir selbst muss dies bewusst sein – und auch, dass es andere gibt, die genauso sind. Das macht mir Mut, zu mir selbst zu stehen – sogar dann, wenn ich mit Menschen zusammen bin, die das seltsam finden.

4 Wie Sie am meisten Freude aus Ihrer Beziehungs- und Präsenzfähigkeit ziehen

∾

Hochsensible bevorzugen qualitativ hochwertige Beziehungen

Hochsensible und andere empfindsame Naturen lassen sich leicht in ein Gespräch verwickeln, das sie letztendlich nur auslaugt und überstimuliert. Sie wollen freundlich, zugewandt und aufmerksam sein. Und es ist für sie völlig normal zu versuchen, sich in die Situation von anderen hineinzuversetzen.

Aufgrund Ihrer Fähigkeiten als hochsensibler Mensch ziehen Sie andere, die ihren Frust abladen wollen, manchmal magisch an. Nach einer Weile ist Ihre soziale Energie möglicherweise für den Rest des Tages aufgebraucht, was wirklich bedauerlich ist. Sie müssen mit Bedacht entscheiden, sowohl wem Sie wie lange zuhören als auch in welche Art von Gesprächen oder Beziehungen Sie Ihre Energie investieren wollen. Sie haben wahrscheinlich nur ein begrenztes Maß an Energie zur Verfügung und Sie sollten dieses möglichst für etwas nutzen, das entweder für Sie von Bedeutung ist, oder für etwas, von dem Sie profitieren.

Hochsensible sind geschickt darin, tiefgehende und intensive Beziehungen aufzubauen. Sie spüren mehr als viele andere. Daher haben zwei Hochsensible die Fähigkeit, eine enge Beziehung zwischen sich herzustellen, die weit über das hinausgeht, was andere hören oder sehen können. Eine solche

Beziehung laugt nicht aus, sondern verleiht Kraft – sogar Introvertierten, die sich sonst am liebsten allein regenerieren.

Im Folgenden möchte ich Ihnen verschiedene Tipps geben, wie Sie leichter die Oberhand über Ihre Gespräche behalten und jenen aus dem Weg gehen, die Sie unnötig auslaugen.

Verschaffen Sie sich Pausen

Ich habe manchmal das Gefühl, im Wortschwall meines Gegenübers zu ertrinken. Schaffe ich es nicht, um Pausen zu bitten, so bin ich nicht in der Lage, zu allem, was gesagt wurde, Stellung zu beziehen. Dann kämpfe ich lediglich darum, nicht unterzugehen, und ich habe für nichts anderes mehr Energie.

Vielleicht haben Sie manchmal auch keine Kraft dazu, einen Ausweg zu suchen. Und dann sitzen Sie fest. Um sich zu befreien, benötigen Sie eine Pause, Raum, um sich selbst zu spüren und herauszufinden, was Sie nun am besten sagen oder tun.

Es ist hilfreich, sich vorher ein paar Strategien zu überlegen, bevor Sie in eine solche Situation geraten. Dann benötigen Sie weniger Kraft, diese auch anzuwenden. Einige Vorschläge hierzu:

- Sagen Sie freundlich und bestimmt: «Einen Augenblick, bitte.» Heben Sie gegebenenfalls die Hand mit einer abwehrenden Geste und senken Sie den Blick. Auf diese Weise signalisieren Sie, dass Sie Ihre Aufmerksamkeit nun nach innen richten. Nehmen Sie sich die Zeit, die Sie benötigen. Wenn der andere Ihre Pause unterbricht, indem er weiterspricht, sagen Sie nochmal «Einen Augenblick, bitte» und heben die Hand. Sie können eventuell hinzufügen: «Ich denke gerade darüber nach, was Sie gesagt haben.» Oder: «Ja, ich benötige etwas Zeit und sage Bescheid, wenn ich wieder zuhören kann.»

- Sagen Sie: «Ich merke gerade, dass ich nicht mehr richtig zuhören kann.»
- Wenn Sie sich unwohl fühlen, sagen Sie: «Ich merke gerade, dass sich zwischen uns etwas abspielt, womit ich mich nicht wohlfühle. Können wir zusammen herausfinden, was das ist?» (Dies ist eher für Fortgeschrittene und funktioniert nur richtig in Beziehungen mit Menschen, die Sie gerne mögen, und umgekehrt, und die etwas dafür übrig haben, zwischenmenschliche Beziehungen zu analysieren.)
- Programmieren Sie Ihr Mobiltelefon und lassen Sie es zu dem Zeitpunkt klingeln, an dem Sie voraussichtlich erschöpft sein werden. Wenn es klingelt, können Sie sagen: «Ich muss mich kurz entschuldigen.»

Sorgen Sie für einen Dialog anstelle eines Monologs

Wenn Sie Ihre Meinung gesagt haben, sollten Sie eine Rückmeldung einfordern, wie Ihre Botschaft aufgenommen wurde. Das ist besonders wichtig, wenn Sie dazu neigen, später darüber nachzugrübeln, was der andere wohl gedacht hat.

Zudem ist es wichtig, damit ein Austausch zustande kommt. Ansonsten könnten Sie sich auch damit begnügen, die Botschaft in Ihr Tagebuch zu schreiben. Wenn Sie etwas signalisiert haben, ohne eine Rückmeldung zu erhalten, bleibt möglicherweise ein Gefühl der Leere in Ihnen zurück. Sie gewinnen den Eindruck, Energie für etwas aufgewandt zu haben, dessen Resultat Sie nicht überzeugt.

Umgekehrt ist es auch für Sie wichtig, eine Rückmeldung zu geben, wenn Sie gerade jemandem zugehört haben. Letzteres ist besonders für Hochsensible von Bedeutung, die sich häufig in der Zuhörerrolle wiederfinden. Sich zu artikulieren hilft, wie schon erwähnt, gegen Überstimulation. Wenn Sie

Zuhörer waren, benötigen Sie normalerweise eine Pause und die Möglichkeit, Ihrer Meinung oder Ihren Gefühlen Ausdruck zu verleihen. Wenn Sie zuhören und zuhören, ohne eine Rückmeldung zu geben, staut sich zu vieles in Ihnen auf.

Finden Sie heraus, welche Resonanz Sie geben oder bekommen möchten

Je persönlicher Ihre Botschaft ist, umso wichtiger ist es, eine Resonanz zu erhalten. Angenommen, Sie haben jemandem erzählt, dass Sie momentan müde und traurig sind. Vielleicht würden Sie gerne erfahren, wie Sie auf Ihren Zuhörer wirken. Da wäre es schön, wenn er beispielsweise sagen würde: «Du siehst auch ein wenig müde aus!» Oder: «Du bist sehr offen.» Wenn der andere seinen Eindruck nicht von sich aus schildert, dann fragen Sie ihn danach: «Wie erlebst du mich?» Oder wenn Sie der Zuhörer sind: «Willst du wissen, wie du auf mich wirkst?»

In einigen meiner Seminare fordere ich die Teilnehmer dazu auf, zu Hause drei Personen zu fragen: «Was hast du für einen Eindruck von mir?»

Wenn die Betreffenden danach wieder zu mir kommen, erzählen sie üblicherweise, dass dies ein einschneidendes Erlebnis für sie war. Häufig beeinflusst sie es nachhaltig. Die meisten Betroffenen schöpfen daraus Kraft und Zufriedenheit. Ein Teilnehmer sagte einmal, von guten Freunden zu hören, wie er auf sie wirke, sei die schönste Erfahrung gewesen, die er seit langem gemacht habe. Andere nehmen sich das ein oder andere zu Herzen, was ihnen jemand gesagt hat, und wollen kontinuierlich daran arbeiten. Je besser man seine Wirkung auf andere einschätzen kann und je mehr diese mit der Realität übereinstimmt, desto besser kommt man mit seiner Umwelt zurecht. Viele wissen viel zu wenig darüber, welchen Eindruck sie bei anderen hinterlassen. Manchmal haben sie Angst, danach zu fragen, weil sie zu ichbezogen erscheinen könnten. Daher ist es einfacher, die Frage indirekt zu formulieren, beispielsweise so: «Mein Lehrer hat mir aufgetragen, drei Personen zu befragen – was würdest du sagen?»

Vielleicht erwarten Sie aber auch lediglich mehr Einfühlungsvermögen von Ihrem Gegenüber. Möglicherweise ist Ihnen daran gelegen zu erfahren, ob der andere sich in Ihre Situation hineinversetzen kann und will. Vielleicht tut es Ihnen auch gut, wenn Ihre Gefühle in Worte gefasst werden. So ist es angenehm, wenn der Zuhörer zum Beispiel sagt: «Diese Situation muss schwer für dich sein.» Oder: «Wenn es mir so erginge, würde ich möglichst schnell etwas daran ändern wollen.» Dann sagen Sie vielleicht: «Ja, genau so geht es mir» – und seufzen, erleichtert darüber, dass sich jemand in Sie hineinversetzen kann. Möglicherweise sagen Sie auch: «Nein, ganz so ist es nicht, vielmehr ist es so und so.» Auf jeden Fall tut es gut, wenn versucht wird, die Situation des anderen zu verstehen, selbst wenn das nicht immer ganz gelingt. Wenn der andere nicht den Versuch unternimmt, sich einzufühlen, könnten Sie ihn fragen: «Wie erginge es dir, wenn du an meiner Stelle wärst?» Wenn Sie selbst gerne Ihr Einfühlungsvermögen zum Ausdruck bringen wollen, könnten Sie sagen: «Ich würde mich so und so fühlen, wenn ich an deiner Stelle wäre.»

Eine dritte Art von Resonanz, die Sie sich vielleicht wünschen, kann darauf abzielen, dass Sie wissen wollen, was Ihre Worte in Ihrem Gegenüber auslösen. Ob er sich freut, ob er irritiert ist oder ob Sie ihn langweilen. Wenn Sie keine Resonanz erhalten, sollten Sie danach fragen: «Was hast du gedacht, als ich das gesagt habe?» Oder: «Wie hast du dich gefühlt, als du das gehört hast?»

Ein viertes Bedürfnis könnte darin bestehen, dass Sie eine Aufforderung erhalten möchten, etwas näher auszuführen. Es ist beispielsweise angenehm, wenn der andere sagt: «Erzähl mir ein wenig mehr darüber.» Sollte das nicht der Fall sein, können Sie darum bitten: «Ich würde mich freuen, wenn du Fragen zu dem stellst, was ich erzähle.» Oder wenn die Situation umgekehrt ist: «Möchtest du, dass ich dir Fragen stelle, oder willst du lieber erzählen, ohne dabei unterbrochen zu werden?»

Ein fünftes Bedürfnis, das recht bescheiden wirken mag, aber von großer Bedeutung sein kann, ist die Gewissheit, gehört zu werden. Manchmal sind Sie sich vielleicht nicht ganz sicher, ob Ihre Worte auch angekommen sind oder ob sie richtig verstanden wurden. Das können Sie herausfinden, indem Sie sagen: «Erzähl mir, was du verstanden hast.» Oder wenn die Situation umgekehrt ist: «Wäre es hilfreich für dich, wenn ich in meinen Worten wiedergebe, was du gesagt hast, damit wir feststellen können, ob ich es richtig verstanden habe?»

Ein Bestandteil fast aller Paartherapieformen ist, dass der Therapeut die beiden Parteien bittet zu üben, das zu wiederholen, was sie den anderen haben sagen hören. Das klingt nach wenig, ist aber von großer Bedeutung. Den anderen wiederholen zu hören, was das Wichtigste für einen ist, kann dazu führen, dass man es nicht immer und immer wieder sagen muss. Dann weiß man, dass es angekommen ist. Wenn ich mich in Therapiesitzungen befinde, wiederhole ich häufig mehrmals, was ich den Klienten habe sagen hören. Auf diese Weise drosselt man das Tempo eines Gesprächs. Und das kann hilfreich sein, wenn man über etwas Schwieriges spricht und deshalb sehr behutsam sein muss.

Ihre Wirkung auf andere:
Wie erlebst du mich?
Willst du wissen, wie du auf mich wirkst?

Einfühlungsvermögen:
Was denkst du, wie ist es, an meiner Stelle zu sein?
Es muss so und so für dich sein.

Gedanken und Gefühle:
Was denkst oder fühlst du, wenn ich dies oder jenes sage?
Willst du wissen, wie es mir mit dem, was du sagst, geht?

Zu Nachfragen aufgefordert werden:
Ich würde mich freuen, wenn du nachfragen würdest,
wenn ich etwas erzähle.
Möchtest du, dass ich nachfrage, oder möchtest du lieber
erzählen, ohne dabei unterbrochen zu werden?

Sich gehört fühlen:
Erzähl mir, was du mich eben hast sagen hören.
Soll ich wiederholen, was du gesagt hast, damit wir
feststellen können, ob ich es richtig verstanden habe?

Nachdem Sie diese verschiedenen Möglichkeiten kennengelernt haben, sollten Sie versuchen herauszufinden, welche Antwort Sie sich in welcher Situation wünschen würden. Und anschließend sollten Sie üben, diese einzufordern. Sie können auch üben anzubieten, dem anderen eine Rückmeldung zu geben. Auf diese Weise verhindern Sie «Vorträge» oder einen Monolog, was für einen sensiblen Menschen über längere Zeit sehr anstrengend sein kann. Das Gespräch wird somit eher zu einem Dialog, wodurch Sie im günstigsten Fall genauso viel zurückerhalten, wie Sie investiert haben. Wenn Sie der Ansicht sind, dass dies schwer umzusetzen ist, dann sind Sie mit diesem Eindruck nicht allein. Sie benötigen viel Übung, um dies zu meistern, und es klappt auch nicht in allen Beziehungen.

Wie Sie ein Gespräch vertiefen – und es auch wieder oberflächlicher werden lassen können

Als sensibler Mensch haben Sie das Bedürfnis, ein Gespräch zu vertiefen. Wenn ein Gespräch sehr oberflächlich verläuft, fällt es Ihnen schwer, das Interesse daran nicht zu verlieren. Vielleicht fangen Sie stattdessen an, Kraft darauf zu verwenden, interessiert zu wirken, wenn Sie meinen, Sie seien dazu verpflichtet.

Im umgekehrten Fall kann es jedoch auch gut sein, ein Gespräch wieder oberflächlicher werden zu lassen, damit Sie es beenden können, wenn Ihnen danach zumute ist. Oder um sich vielleicht auch gar nicht erst tiefer darauf einzulassen, wenn Sie kurz davor sind, überstimuliert zu werden, und die Grenzen Ihrer Aufnahmekapazität erreicht haben.

Das Gespräch vertiefen

Das Leichteste ist, einfach zu schweigen. Stille sorgt für Tiefgang. Oft erlebe ich in der Therapie, dass der nächste Satz tiefgründiger ist, wenn wir eine Weile da sitzen, ohne etwas zu sagen. Doch manche Menschen haben Angst vor Pausen und fangen an, wie ein Wasserfall zu reden, sobald eine Pause entsteht. Auf diese Weise kommen keine tiefgründigen Gespräche zustande. Ganz im Gegenteil, das Gesagte wird wahrscheinlich sowohl oberflächlich als auch unzusammenhängend sein.

Statt zu schweigen, können Sie auch fragen: «Wollen Sie mir mehr davon erzählen?» Wenn das Gespräch weiterhin oberflächlich bleibt, greift ein anderer guter Trick – nämlich sich nach etwas Konkretem zu erkundigen. Sobald man konkret wird, stellen sich Gefühle ein. Wenn ich zum Beispiel sage: «Ich finde, alle Leute sind so kurz angebunden», und der andere mich daraufhin fragt: «Wann hast du das das letzte Mal erlebt?», dann muss ich konkret werden. Ich sage vielleicht: «Erst gestern, als ich meine Freundin anrief und sie total uninteressiert klang, als ich ihr erzählte, was ich gemacht hatte.» In einer solchen Situation merke ich, mit welchen Gefühlen ich auf Desinteresse reagiere. Solange man sich auf Allgemeinplätzen bewegt, können Gefühle gut außen vor gelassen werden. Wird man konkret, ist das nicht mehr möglich.

Das bedeutet also: Wenn Sie ein Gespräch vertiefen wollen, müssen Sie vom Allgemeinen zum Konkreten kommen.

Zurück zur Oberflächlichkeit

Wenn Sie dagegen ein tiefgründiges Gespräch oberflächlicher gestalten oder Tiefgang vermeiden wollen, müssen Sie den umgekehrten Weg gehen. Denn Verallgemeinerungen und Erklärungen eignen sich dazu, einen Vertiefungsprozess zu unterbinden. Wenn ich sage: «Ich bin müde und ein wenig traurig», und der andere verallgemeinert dies, indem er sagt: «So geht es, glaube ich, allen um diese Jahreszeit», dann fällt es mir schwer, mehr über meine Müdigkeit zu erzählen. Dasselbe gilt für Erklärungen: «Du bist gestern sicherlich auch spät ins Bett gekommen.» In beiden Fällen ist es schwierig, die eigene Geschichte anzubringen.

Das ist nicht nur negativ. Vielleicht beruhigt es mich, dass es anderen genauso geht. Dann liegt es nicht an mir. Und es eignet sich wie gesagt ausgezeichnet dafür, ein tiefgründiges Gespräch zu vermeiden.

Ich habe sowohl als Pfarrerin als auch als Dozentin für Psychologie davon Gebrauch gemacht. Wenn ich als Pfarrerin zu einem Trauergespräch kam, waren viele Dinge zu besprechen. Die Beerdigung musste geplant und Psalmen ausgewählt werden, außerdem brauchte ich genügend persönliche Infor-

mationen über den Verstorbenen, um zu Hause die Trauer-
rede schreiben zu können. Mir war deshalb nicht daran gelegen, dass die Betreffenden zu diesem Zeitpunkt zu tief auf
ihre Trauer oder ihre Wut eingingen. Häufig wirkt es höf-
licher, sich einer Verallgemeinerung oder einer Erklärung zu
bedienen, als zu sagen: «Darauf können wir jetzt nicht eingehen.» Wenn die Beerdigung überstanden war und ich zum
Nachsorgegespräch kam, gab es Zeit für tiefgründige Gespräche.

Als Dozentin für Psychologie an der Volkshochschule war
mir ebenso wenig daran gelegen, dass die Kursteilnehmer zu
sehr ins Private abdrifteten. Eine Unterrichtssituation in einer
großen Gruppe ist dafür nicht geeignet. Auch dort konnten
Verallgemeinerungen und Erklärungen das Gespräch wieder
auf das entsprechende Niveau bringen, wenn ich fürchtete,
dass es zu persönlich würde.

Vier Kontaktebenen

Der Kontakt, den wir miteinander pflegen, lässt sich in vier
Ebenen unterteilen. Diese sind:

Ebene 1:
Plaudern (Smalltalk) und Oberflächlichkeit

Auf dieser Ebene wechselt man ständig das Thema. Sie ist ver-
gleichbar mit einem Schmetterling, der von Blume zu Blume
flattert und sich ein wenig hier und da aufhält. Der Vorteil besteht darin, dass man ein Gespräch schnell beginnen und
ebenso schnell wieder beenden kann. Smalltalk ist eine Kunst.

Extrovertierte genießen geradezu das unverbindliche Spiel,
das diese Gesprächsebene bietet. Hier wirft man sich gegenseitig die Pingpongbälle zu. Vielen fällt das hingegen schwer.

Manche Menschen haben ganz konkrete Schwierigkeiten mit Smalltalk. Daher ist es hilfreich, die Regeln des Smalltalks zu beherrschen. Diese sind ganz einfach. Man spricht lediglich aus, was man gerade wahrnimmt: Es regnet. Es ist kalt. Wonach riecht es hier? Das schmeckt lecker. Sie haben schöne Schuhe an usw.

Viele Hochsensible sind schnell frustriert, wenn der Smalltalk länger anhält. Es ärgert sie, sich an inhaltslosen Gesprächen beteiligen zu müssen, stattdessen würden sie lieber mehr in die Tiefe gehen.

Dennoch lohnt es sich, Smalltalk zu beherrschen. Es ist ein gutes Instrument, um Kontakte zu knüpfen. Eine nichtssagende Bemerkung kann ein guter Aufhänger sein. Wenn die Bemerkung selbst nichts aussagt, dann zumindest die Stimme oder der Tonfall. Sie bauen dem anderen eine Brücke. Smalltalk verschafft Sicherheit in fremden oder ungewohnten Situationen. Er dient der Einleitung eines Gesprächs, während dessen Sie nach gemeinsamen Interessen suchen – das Sie jedoch auch schnell wieder beenden können. Wenn Sie sich mit Smalltalk schwertun, sollten Sie sich darin üben.

Ebene 2:
Gemeinsame Interessen

Auf dieser Ebene wird ein Thema aufgegriffen, das beide Seiten interessiert. Sie tauschen Informationen aus, äußern Ihre Meinung, diskutieren über Politik, Kindererziehung oder was beide Parteien eben sonst so beschäftigt. Oder Sie haben die gleiche Meinung und kommen so auf einen gemeinsamen Nenner. Einige Menschen fühlen sich auf der Ebene 2 ausgesprochen wohl. Entweder weil sie mit Begeisterung nach neuem Wissen streben oder weil Diskussionen und Auseinandersetzungen Energie in ihnen freisetzen. Hochsensible tauschen sich gerne über ein gemeinsames Interessengebiet aus.

Entwickelt sich daraus eine Diskussion mit aggressivem Unterton, verlieren sie häufig die Lust, sich weiter daran zu beteiligen.

Diese Ebene wird auch Rollenebene genannt. Hier werden Informationen über die Arbeit, den Wohnort, den Familienstand usw. ausgetauscht. Und man agiert bzw. kommuniziert auf dieser Ebene in einer bestimmten Rolle. In ihrer Rolle als Mutter kann eine Frau mit den Mitarbeitern eines Kindergartens über Erziehung diskutieren, die Krankenschwester kann Medikamente empfehlen oder der Maler Tipps zur Wahl einer Farbe geben.

Manchmal wird das Gespräch auf dieser Ebene von denjenigen dominiert, die am meisten Selbstvertrauen haben, während die anderen vor allem zuhören. Wenn Sie das frustriert, können Sie üben, selbst mehr Raum einzunehmen. Manchmal muss man darum kämpfen, zu Wort zu kommen, weil alle gerne etwas sagen wollen. Dann ist es für einen Hochsensiblen zuweilen unmöglich mitzudiskutieren, weil er wahrscheinlich zu langsam ist, wenn sich die Gelegenheit ergibt, das Wort zu ergreifen, oder zu höflich, um den Monolog einfach zu unterbrechen.

Sie fühlen sich bestimmt am wohlsten, wenn alle ein Interesse daran haben, dass jeder zu Wort kommt. In manchen Situationen lässt sich eine solche Kultur gut etablieren. Die anderen haben vielleicht nicht daran gedacht, dass die Art und Weise, wie man das Wort in einer Gruppe ergreift, für manche Menschen ein Problem darstellen kann. Wenn Sie dies offen ansprechen, lässt sich in dem ein oder anderen Kontext sicherlich eine Veränderung herbeiführen.

Auf der zweiten Ebene spricht man nicht über Gefühle. Das findet erst auf der dritten Ebene statt.

Ebene 3: Vertrauen

Auf dieser Ebene teilt man Gefühle und Eindrücke über Dinge oder eine dritte Person. (Wenn man dabei Gefühle austauscht, die das Verhältnis zum Gesprächspartner betreffen, dann befindet man sich bereits auf der Ebene 4.) Auf der dritten Ebene offenbart man sich gegenseitig das eigene Gefühlsleben. Sie erzählen beispielsweise von Ihrer Kindheit, Ihrer Partnerschaft oder von Ihrem Verhältnis zu Freunden oder Ihren Kollegen. Auch Klatsch und Tratsch wird auf dieser Ebene ausgetauscht. Oder man unterstützt sich gegenseitig dabei herauszufinden, wie es einem geht. Das ist ein erster Schritt, dem Gegenüber die Gefühle, die ihn betreffen, mitzuteilen.

Auf dieser Ebene kann eine sehr intensive und lebendige Stimmung vorherrschen. Man entdeckt vielleicht, dass man im selben Boot sitzt, dass sich die eigenen Gefühle nicht allzu sehr von denen der anderen unterscheiden.

Es kann angenehm sein, jemandem seine Gefühle mitzuteilen. Sie haben sicherlich schon einmal die Erleichterung gespürt, die sich in Ihnen breitmacht, nachdem Sie etwas ausgesprochen haben.

Wenn Sie sich auf dieser Ebene schwertun, liegt das möglicherweise daran, dass Sie sich für bestimmte Seiten Ihrer Persönlichkeit schämen und sich nicht trauen, diese jemandem zu offenbaren. Umgekehrt macht es auch nicht immer Spaß, zum Mitwisser gemacht zu werden. Besonders dann nicht, wenn der andere erwartet, dass Sie beide nun Verbündete sind. Und es kann schwierig sein, die Gefühle des anderen an sich heranzulassen, vor allem wenn dieser besonders wütend ist. Außerdem ist es nicht angenehm, ins Vertrauen gezogen zu werden, wenn Sie überstimuliert sind oder kurz davor.

Ebene 4:
Direkte Beziehung

Auf dieser Ebene spricht man darüber, was gerade hier und jetzt zwischen zwei Personen geschieht. Ich und du, hier und jetzt. Wie geht es uns miteinander? Diese sehr direkte Beziehung kann außergewöhnlich intensiv werden. Dabei merkt man, welche Bedeutung man für den anderen hat. Das ist Balsam für die Seele.

Wenn der Geliebte «Ich liebe dich» zu seiner Auserwählten sagt, dann bewegt er sich auf dieser Ebene. Der Mann, der zu seiner Frau sagt: «Wenn du mich so anschaust, wie du es gerade tust, würde ich mich am liebsten von dir trennen», tut das ebenso.

Manche Menschen begeben sich genau genommen nie dorthin. Andere machen dies nur wenige Male in ihrem Leben. An diese Augenblicke werden Sie sich jedoch erinnern und in Gedanken immer und immer wieder zu ihnen zurückkehren.

Sich auf diese Ebene zu begeben, ist sehr gefährlich und gleichzeitig ebenso belebend.

Vielleicht fürchten Sie, den anderen durch Ihre Direktheit zu verletzten. Oder Sie haben Angst, selbst verletzt zu werden. Sich davon fernzuhalten, hat den Nachteil, dass eine Beziehung langweilig und leblos wird.

Wie man sich von einer Ebene
zur anderen bewegt

Sie begeben sich auf die erste Ebene, indem Sie aussprechen, was Sie hören, sehen, riechen, schmecken oder wie sich etwas anfühlt, zum Beispiel: «Wie schön, dass die Sonne scheint.»

Von der ersten zur zweiten Ebene: Sie verweilen etwas länger bei einzelnen Themen. Eine Bemerkung zum Essen kann zu einem Austausch von Rezepten führen, eine Bemerkung über das Wetter zu einer Diskussion über das Klima. Sie können auch ein ganz neues Thema anschneiden.

Von der zweiten zur dritten Ebene: Sie können vertraulicher werden, indem Sie etwas Persönliches erzählen oder nach etwas Konkretem fragen: «Ärgern Sie sich über Krankmeldungen in Ihrer Abteilung deshalb so sehr, weil Sie befürchten, dass die ganze Arbeit nun auf Sie zukommt?»

Von der dritten zur vierten Ebene: Finden Sie zuerst heraus, ob der andere auch Interesse daran hat, sich auf diese Ebene zu begeben. Dann gestehen Sie ihm etwas Zeit zu, sich darauf vorzubereiten. Im Folgenden einige Beispiele für mögliche Einleitungen:

- «Ich würde mich gerne darüber unterhalten, was wir füreinander empfinden, was hältst du davon?»
- «Ich würde gerne über meine Gefühle dir gegenüber reden. Interessiert dich das?»
- «Ich würde gerne wissen, was du für mich empfindest. Magst du darüber reden?»

Wie sensiblen Menschen dieses Modell hilft

Ist man sich bewusst, dass es diese vier verschiedenen Ebenen gibt, beantwortet sich die Frage, weshalb manche Gespräche anregend, andere hingegen sterbenslangweilig sind, von selbst. Wenn Sie wissen, weshalb ein Gespräch Sie frustriert – wenn Sie also die aktuelle Gesprächsebene identifizieren –, können Sie versuchen, daran etwas zu ändern. Der Wechsel auf eine andere Ebene führt möglicherweise eine Veränderung herbei. Wagen Sie es, sich auf die vierte Ebene zu begeben, wird eine leblose Beziehung vielleicht belebt und intensiviert.

Das hier vorgestellte Modell ist eine vereinfachte Form der Realität. So lässt es außersprachliche Ebenen, die für unsere Beziehungen ebenfalls wichtig sind, unberücksichtigt. Hochsensible sind häufig imstande, zusammen zu schweigen, und zwar auf eine Weise, die von Nähe und Tiefe geprägt ist, ohne dass dabei ein Wort gesprochen wird.

5 Der Umgang mit Wut – mit der eigenen und mit der anderer

∿

Hochsensible bedienen sich einer anderen Strategie, mit Wut umzugehen

Sensible Menschen gehen Wut häufig aus dem Weg. Wut besitzt eine starke Kraft. Wenn man kurz davor ist zu explodieren, verfällt man schnell in ein Schwarz-Weiß-Denken und verliert den Standpunkt des anderen in dieser Situation aus dem Blick. Das aber sind Eigenschaften, die Hochsensible ablehnen – an sich selbst und bei anderen.

Eine ordentliche Auseinandersetzung, die für manche Menschen belebend ist, hat für einen Hochsensiblen zur Folge, dass sein empfindliches Nervensystem aus dem Gleichgewicht gerät. Er braucht danach lange, um es wiederzuerlangen.

Vielleicht haben Sie keine guten Erfahrungen damit gemacht, Ihren aufgestauten Ärger zu zeigen. Denn ein Gefühlsausbruch legt Ihr Innerstes bloß und richtet sich nicht zuletzt gegen Sie selbst. Sie ringen bei einem Streit aber nicht nur mit Ihren eigenen Gefühlen, sondern Sie spüren auch intensiv die der anderen. Wenn Sie jemanden verletzt haben, tut Ihnen das selbst weh, weil es Ihnen schwerfällt, den Schmerz des anderen zu ignorieren, und Sie haben vielleicht mit Schuld- und Schamgefühlen zu kämpfen.

Hochsensible gelten häufig als aggressionsgehemmt. Sie streiten sich einfach nicht gern. Das rechnet sich für Hochsensible auch aus einem anderen Grund nicht. Auf kurze Sicht verlieren sie. Bei einer ordentlichen Auseinandersetzung gewinnt derjenige, der sich nicht von zu vielen ethischen Spielregeln leiten lässt. Es gewinnt derjenige, der es sich weniger zu Herzen nimmt, den anderen zu verletzen, und die Sache kompromisslos über die Person stellt.

Wenn Sie ein sensibler Mensch sind, werden Sie die Erfahrung machen, dass Sie häufig einen Streit verlieren. Sie berücksichtigen zu vieles und wollen Ihren Wertvorstellungen gerecht werden.

«Ich habe mich immer für einen Schwächling gehalten, weil meistens ich diejenige bin, die sich unverrichteter Dinge aus einem Streit zurückzieht.» Helle, 57 Jahre

Auf lange Sicht jedoch kommen Sie gut zurecht. Vielleicht werden Sie schweigsam und ruhig, wenn Wut in Ihnen aufsteigt. Aber zwei Tage später werden Sie wahrscheinlich imstande sein, sehr genau zu formulieren, was Sie denken oder fühlen, wonach Sie streben und was Sie in Zukunft nicht tolerieren wollen.

Dass hochsensible Menschen sich mit Ethik und Werten auseinandersetzen, bedeutet nicht, dass andere, weniger sensible Menschen das nicht ebenso tun. Es bedeutet auch nicht, dass sie immer ihrer eigenen Ethik entsprechend handeln. Doch sie wollen die Welt als einen Ort erfahren, an dem sie gerne sind – und das funktioniert am besten, wenn sie den Eindruck haben, selbst etwas aktiv dazu beitragen zu können. Außerdem versuchen sie häufig, der Wut anderer Menschen aus dem Weg gehen. Das ist ein weiterer Grund, weshalb sie es tunlichst vermeiden, andere durch ihr Verhalten vor den Kopf zu stoßen.

Ich habe in meiner Praxis mit vielen Hochsensiblen gesprochen, die mir erzählten, dass sie nur schwer mit Wut umgehen
könnten. Häufig sagten ihnen Therapeuten, es sei problematisch, wenn sie ihre Wut nicht ausleben würden, um sich dadurch zu positionieren. Bei genauerer Betrachtung zeigt sich,
dass sie eine völlig andere Strategie verfolgen.

*«Ich war Mitglied einer Supportgruppe in einer Bank. Meine
Aufgabe war es, Kreditverträge zu genehmigen, die andere
abgeschlossen hatten. Es kam häufig vor, dass die Kollegen,
die für die Kreditverträge zuständig waren, um 15:00 Uhr
zu mir kamen und diese am selben Tag genehmigt haben
wollten, weil sie den Kunden eine rasche Rückmeldung ver-
sprochen hatten. Das störte mich, weil ich dadurch gezwungen war, Überstunden zu machen.*
*Ich wollte dem ein Ende setzen, weil es Stress für mich be-
deutete. Ich sprach das Problem an, aber es änderte sich
nichts. Da es nicht meine Art ist, mich aufzuregen und laut
zu werden, wählte ich einen anderen Weg. Bei einer mor-
gendlichen Besprechung sagte ich, dass ich es künftig so halten möchte, dass derjenige, der mit einem wichtigen Vertrag
kurz vor Feierabend kommt, entscheiden soll, welche meiner
anderen Aufgaben liegen bleibt. Denn ich wolle pünktlich
nach Hause gehen. Das half. Die Kollegen fanden die Idee
gut und die Anzahl kurzfristiger Genehmigungsgesuche
sank drastisch.»* Gith, 54 Jahre

Bedächtig und ruhig «Nein» oder «Das möchte ich nicht»
oder «Das ist für mich nicht okay» zu sagen, bringt mehr als
lautstarke Wut. Und hilft das nicht, kann man Konsequenzen
androhen wie Gith im eben genannten Beispiel.
Es folgt eine Fallbeschreibung eines Hochsensiblen in einer
wenig einfühlsamen Therapie:

«Eine Psychotherapeutin versuchte einmal, mich dazu zu bringen, richtig wütend zu werden. Sie meinte, dass es mir besser ginge, wenn ich weniger vorsichtig wäre und dafür aggressiver. Ich machte mit, weil ich mir insgeheim auch manchmal dachte, wenn ich wütender wäre, würde ich vielleicht eher meinen Willen durchsetzen können.

Mittlerweile ist mir klar, dass in Situationen, in denen ich nicht weiterkomme, indem ich bedächtig und ruhig sage, was ich will und nicht will, auch lautstarke Wut nichts hilft. Dann handelt es sich nämlich meistens um eine Situation, an der man nichts ändern kann, weil die Betreffenden, von denen ich etwas will, das Gewünschte entweder nicht haben oder es mir nicht geben können oder wollen.

Rückblickend betrachtet, hätte ich den gutgemeinten Versuch der Therapeutin, mich verändern zu wollen, ablehnen sollen. Selbst wenn es tatsächlich so wäre, dass ich eher bekäme, was ich will, wenn ich etwas lauter schreie, möchte ich meine Wünsche einfach nicht auf diese Art und Weise erfüllt bekommen.» Henrik, 48 Jahre

Dieses Beispiel ist keine Seltenheit. Viele Hochsensible berichten von respektlosen und grenzüberschreitenden Versuchen der Therapeuten, sie von ihren intelligenten und wohlüberlegten Strategien abzubringen und sie stattdessen zu einem primitiveren Weg zu bewegen.

Sensiblen Menschen tut Streit nicht gut. In wütende Auseinandersetzungen verwickelt zu sein, ist stark stimulierend. Und wenn hochsensible Menschen erst einmal überstimuliert sind, werden sie hilflos und wenig konstruktiv. Sie verlieren den Kontakt zu ihrem Inneren, und ohne den sind sie auf verlorenem Posten. Als Psychotherapeutin helfe ich häufig Paaren dabei, sich auf eine Strategie zu verständigen, die sie anwenden können, wenn sich ein Streit zuspitzt. Diese kann beispielsweise darin bestehen, «Timeout» zu sagen und zu verabreden, wann das Gespräch fortgesetzt werden soll – während in der Pause jeder für sich eine Runde spazieren oder joggen geht.

Wenn Sie sensibel sind, ist es für Sie sicherlich wichtig, sich von einem Konflikt zurückzuziehen und sich in Ruhe auf Ihr Inneres zu konzentrieren – auf Ihre Liebe zu sich selbst wie auch zum anderen.

Früher herrschte die Auffassung vor, dass man seine Wut loswerden könne, indem man ihr ungehemmt freien Lauf lässt, beispielsweise indem man auf ein Kissen einschlägt. Diese Auffassung hegen Therapeuten, wenn sie darauf drängen, Klienten sollten ihre Wut ausleben. Führt man jedoch aggressive Körperbewegungen aus, bleibt die Wut entgegen der gängigen Annahme bestehen oder, noch schlimmer, sie verstärkt sich sogar. Über die Wut zu sprechen oder Entspannungsübungen zu machen, bringt wesentlich mehr.

Bedienen Sie sich Ihres Einfühlungsvermögens und Ihrer Reflexionsfähigkeit

Ihr Einfühlungsvermögen kann Ihnen entscheidend dabei weiterhelfen, den Ursachen von Wut auf den Grund zu gehen. Häufig überlagert Wut nämlich andere, verletzlichere Gefühle. Hochsensiblen fällt es leicht, Gefühle, die sich dahinter verbergen, aufzuspüren. Dieses Talent ist äußerst konstruktiv. Denn wenn Sie an die verletzlicheren Gefühlsschichten herankommen, wird eine andere Art von Energie freigesetzt, die produktiver und heilsamer ist.

Stauen sich Gefühle zu Wut auf, liegt dem in der Regel ein unerfüllter Wunsch oder ein unerfülltes Bedürfnis zugrunde.

Bedienen Sie sich Ihres Einfühlungsvermögens, um herauszufinden, was sich eigentlich hinter Ihrer eigenen Wut oder der Ihres Gegenübers verbirgt. Vielleicht gelingt es Ihnen dadurch, das zu bekommen, was Sie gerne haben möchten. Sie können auch jemand anderem dabei helfen, seinen Wünschen näher zu kommen und mithin seine Wut einzudämmen. Fragen Sie: «Was wünschst du dir, was ich (oder jemand anderer) dir in diesem Augenblick erfüllen kann?» Es hilft, seine Wünsche in Worte zu fassen – selbst wenn der andere diese nicht erfüllen kann oder will. Sich seinen Wünschen, Bedürfnissen und damit seiner Abhängigkeit von anderen Menschen anzunähern und sie zu verstehen, führt weg von der Wut und hin zu einer gesunden Verletzlichkeit, zu Nähe und zu einer guten Bindung.

Wann man Wut nicht mit Empathie begegnen sollte

Als Grundprinzip gilt, dass ein wütender Mensch leidet und Fürsorge sowie Liebe benötigt. Doch wenn sich die Situation dadurch nicht entspannt und der andere Sie durch Wutausbrüche verletzt und demütigt, ist die Grenze selbstverständlich überschritten.

Manche Menschen tun sensiblen Naturen nicht gut. Der ein oder andere Hochsensible verharrt zu lange in einer solchen Beziehung, weil er gutgläubig ist und selbst dann noch auf das Gute vertraut, wenn er ein ums andere Mal immer wieder schlecht behandelt wird. Hochsensible bringen ihrem Gegenüber jede Menge Empathie entgegen und hoffen im Stillen, dass es sich eines Tages ändern wird.

Versuchen Sie, das Ganze von außen zu betrachten. Denken Sie an eine Person, die Sie schätzen, und stellen Sie sich vor, dass er oder sie an Ihrer Stelle wäre. Wird er oder sie größtenteils mit genügend Einfühlungsvermögen und Respekt behandelt? Wenn die Antwort Nein lautet, sollten Sie sich mit

Empathie etwas zurückhalten und stattdessen einige Forderungen stellen und darum bitten, dass der andere sein Verhalten ändert.

Wenn es Ihnen nicht gelingt zu sagen, was Ihnen nicht gefällt

Um einen Konflikt zu vermeiden, scheint es das Beste zu sein, Negatives nicht anzusprechen und so zu tun, als ob alles in Ordnung sei. Vielleicht ist es Ihnen ja auch nicht so wichtig, etwas zu verändern. Wenn sich etwas zuträgt, das Ihnen nicht gefällt, ist es entscheidend, den goldenen Mittelweg zu finden. Denn man kann dem anderen zwar eine Abreibung verpassen oder sich zurückziehen und sich selbst anklagen – aber das löst den Konflikt nicht konstruktiv auf. Der goldene Mittelweg führt über den Ausdruck Ihrer Gefühle und Wünsche. Dies sollte in Form einer neutralen Mitteilung, einer Feststellung darüber geschehen, was Sie wahrnehmen.

Also nicht in dem Ton: «Jetzt hast du mir die Stimmung verdorben!» Oder ebenfalls nicht: «Ich bin einfach zu zart besaitet.» Im Folgenden finden Sie eine Reihe von Beispielen für neutrale Feststellungen:

- «Wenn du mich so ansiehst, bekomme ich Bauchschmerzen.»
- «Ich würde mir wünschen, dass du genau in diesem Augenblick etwas Nettes zu mir sagst.»
- «Ich würde lieber mit dir in ein schönes Restaurant gehen, anstatt Fast-Food zu bestellen.»
- «Für mich ist es wichtig, mich auf unsere Abmachungen verlassen zu können.»

Je klarer Sie sich äußern und mitteilen, was Sie mögen und was nicht, desto unmissverständlicher treten Sie dem anderen gegenüber auf. Eindeutige Grenzen sorgen für eine gute Beziehung. Je mehr Sie sich trauen, etwas abzulehnen, desto stabiler und tiefer werden Ihre Beziehungen.

Auch wenn es auf kurze Sicht – besonders, wenn Sie Wut auf jeden Fall vermeiden wollen – am einfachsten ist, sich zu sagen, dass das eigene Bedürfnis nicht so wichtig sei, so ist dies auf lange Sicht nicht zu empfehlen. Wenn Sie sich nicht trauen, Negatives anzusprechen, besteht die Gefahr, dass Sie Ihre Beziehungen als oberflächlich und unbefriedigend empfinden.

Erheben sensible Menschen in Situationen, in denen es angebracht wäre, keinen Einspruch, so ist dies möglicherweise auf ein geringes Selbstwertgefühl zurückzuführen.

«Mir wurde oft gesagt, dass ich aufhören soll, mich mit diesem oder jenem abzufinden, und stattdessen mit der Faust auf den Tisch schlagen und mir Respekt verschaffen soll. Und ich habe versucht, den wohlgemeinten Rat zu beherzigen, mit dem Resultat, dass sich meine Stimme überschlug und leise, zittrig und heiser wurde, wenn ich laut werden wollte.

Jetzt wird mir klar, dass dies auf ein geringes Selbstbewusstsein zurückzuführen war. In meinem tiefsten Inneren war ich äußerst unsicher, ob ich überhaupt ein Recht hätte, zu existieren. Ich fühlte mich falsch und wie jemand, der sehr dankbar sein muss, ein Teil der menschlichen Gesellschaft sein zu dürfen. Deshalb war es mir nicht gestattet, irgendjemandem zu widersprechen. Wenn ich meiner Wut Ausdruck verleihen sollte, hatte ich einfach Angst. Es lag also weder daran, dass ich die Wut nicht wahrnahm, noch daran, dass ich nicht wusste, wie man laut wird.» Jens, 45 Jahre

Für einen Mann wie Jens ist es nicht so wichtig, an seiner Wut zu arbeiten, auch wenn er dazu von mehreren Seiten ermun-

tert wurde; stattdessen sollte er versuchen, sein Selbstwertgefühl zu stärken.

Hoffnung und Wünsche

Zwischen Wünschen und Hoffen besteht ein wichtiger Unterschied. Hoffnung hat immanent immer eine Beziehung zur
Realität – und sie sollte sich daher möglichst an der Realität
orientieren: Man erhofft etwas, wenn man einigermaßen zuversichtlich ist, dass dieses zukünftig auch wirklich eintreten
kann. Wenn die Hoffnung irreal wird, können Sie noch so viel
Energie und Kraft auf etwas verwenden, es wird letztendlich
doch nie in Erfüllung gehen. Ein Beispiel dafür ist eine Ehe-
frau, die an einer Ehe, in der es keine Liebe mehr gibt, festhält
in der Hoffnung, dass ihr Mann eines Tages seine grundlegenden Charakterzüge ändern wird. Ihr wäre mehr damit gedient,
sie gäbe diese Hoffnung auf. Ohne die Hoffnung auf Veränderung des Mannes könnte sie besser mit der bestehenden Realität umgehen und vor diesem Hintergrund Stellung beziehen,
ob sie diese akzeptieren oder sich trennen will.

Mit Wünschen ist es anders. Sie können sich etwas wünschen, was völlig unrealistisch ist – und Sie wissen das eigentlich auch. Beispielsweise dass ein Verstorbener nur für einen
Augenblick zurückkommen könnte. Sie wählen nicht selbst,
was Sie sich in Ihrem tiefsten Inneren wünschen. Ob Sie lieber
die Farbe Gelb oder Blau mögen, bestimmen nicht Sie; die
Antwort bekommen Sie jedoch vielleicht, wenn Sie in sich hi-
neinhorchen. In gewisser Weise verkörpern Sie Ihre Wünsche.

Wünsche sind voller Leben. Es kann schmerzlich sein, sich
seiner Wünsche bewusst zu werden, wenn Sie ein Leben führen, das sich sehr von dem unterscheidet, was Sie sich wünschen. Bei einer solchen Erkenntnis spüren Sie Ihre Trauer
und Ihr tiefstes Inneres. Was mich selbst angeht, so ziehe ich

es vor, meine Trauer zuzulassen und auf diese Weise zu realisieren, dass ich lebe, anstatt das graue, seichte Gefühl in mir leben zu lassen, das sich einstellt, wenn man den Schmerz ignoriert.

Wenn die Wut Ohnmacht und Trauer überdeckt

Wie wir bereits gesehen haben, überdeckt die unmittelbar erlebte Wut häufig andere Gefühle, mit denen man weitaus konstruktiver umgehen kann. Diese bringen oft völlig neue Möglichkeiten mit sich, um authentischer, lebendiger und fröhlicher zu werden. Die Wut siedelt sich nämlich gerne ganz oben an – und so kann sich alles Mögliche darunter verbergen, was einem nicht unmittelbar bewusst ist, weil die Wut dominiert.

Generell ist Wut der letzte Ausdruck der Hoffnung, dass die Realität verändert werden kann. Wut ist eine extrem starke Energie, die dazu dient, Hindernisse rigoros aus dem Weg zu räumen und schonungslos dagegen anzukämpfen, was man gerne verändern will. Solange Sie wütend sind, kämpfen Sie. Aber je mehr Sie kämpfen, desto weniger können Sie sich mit Ihren eigentlichen Empfindungen auseinandersetzen.

Ganz besonders problematisch wird es, wenn Sie gegen etwas ankämpfen, was Sie *nicht* ändern können.

Sie machen beispielsweise Ihrem Partner und sich das Leben schwer, wenn Sie auf ihn wütend sind, weil Sie hoffen, dass er seine grundlegenden Charakterzüge ändern würde, wenn Sie ihn kritisieren oder häufig genug zurechtweisen. Dies wird nichts nützen. Grundlegende Charakterzüge lassen sich selten verändern.

Oder wenn Sie auf Ihre bereits in die Jahre gekommenen Eltern immer noch wütend sind. Hinter dieser Wut verbirgt sich vermutlich die Hoffnung, ein Ereignis aus der Vergangenheit ungeschehen machen zu können. Vielleicht hoffen Sie, auf wundersame Art und Weise etwas zu bekommen, woran es Ihnen als Kind mangelte, dass Vater oder Mutter sich zuletzt doch noch ändern und Sie wie im Märchen glücklich zusammenleben können.

Wenn Menschen häufiger die Wut zulassen als die darunter verborgenen Gefühle, ist dies also auf mehrere Ursachen zurückzuführen: Vielleicht ertragen sie die Trauer nicht, die sich unter der Wut verbirgt. Vielleicht ertragen sie das Gefühl der Machtlosigkeit nicht, das sich einstellt, wenn sie erkennen, dass sie etwas nicht bekommen oder es nicht einmal beeinflussen können.

Häufig ist man wütend, bis man stark genug ist, dem Verlust ins Auge zu blicken und die Wirklichkeit so zu akzeptieren, wie sie ist. Wenn Sie es wagen, den hoffnungslosen Kampf aufzugeben, wird die Wut zu Trauer. Und Trauer hat gegenüber Wut den Vorteil, dass mit Trauer Heilung einhergeht. Denn wenn Sie trauern, können Sie wesentlich leichter Hilfe und Liebe von anderen Menschen zulassen, als wenn Sie wütend sind. Außerdem verringert Wut enorm die Chance, Hilfe angeboten zu bekommen. Denn Wut schafft Abstand, wohingegen Trauer Fürsorge nach sich zieht.

Darüber hinaus ist Trauer ein Prozess, mit dem Heilung einhergeht. Gesunde Trauer dauert eine Weile an, bevor die Trauer über das, was Sie verloren haben, nachlässt, Sie wieder nach vorne blicken können und nach neuen Möglichkeiten Ausschau halten. Wut hingegen kann zu lebenslanger Verbitterung führen.

Die Tatsache, dass sich hinter der Wut Hoffnung verbirgt, zeigt sich in vielen unterschiedlichen Beziehungen – beispielsweise zu Expartnern, Geschwistern oder Arbeitgebern. Wenn Sie sich die Hoffnung und den Kampf bewusstmachen, können Sie sich leichter davon befreien. Indem Sie die Hoffnung entdecken, die Ihrer Wut zugrunde liegt, können Sie entweder die Wirklichkeit verändern – wenn dies machbar ist –, oder Sie lassen von der Hoffnung ab und leisten Trauerarbeit, um anschließend ein neues Leben zu beginnen.

Nach der Trauer über Versäumnisse der Eltern oder des Partners können Sie Ihre Mitmenschen genau als diejenigen sehen, die sie sind – mit all ihren Vorzügen und Begrenzungen; das Gleiche gilt ebenso für Sie selbst. Sie werden zwar keine neue Kindheit bekommen und können auch die Zeit nicht zurückdrehen, um mit einer Beziehung von vorne zu beginnen. Aber Beziehungen erhalten einen völlig neuen Charakter, wenn Sie aufhören, anderen etwas abzuringen, das diese nicht geben können. Geben Sie den Wunsch auf, die Wirklichkeit und andere verändern zu wollen.

Wenn Ihnen Wut entgegengebracht wird, etwa von Ihren erwachsenen Kindern, können Sie Ihre Machtlosigkeit ausdrücken, indem Sie beispielsweise sagen: «Ich wünschte, dir eine neue Kindheit geben zu können.» Oder gegenüber dem Freund, der behauptet, Sie hätten sein Geburtstagsfest verdorben, weil Sie zu früh nach Hause gegangen seien: «Ich wünschte, ich hätte das Vermögen, es besser zu machen.»

Vermeiden Sie es zu moralisieren

«Sollen» ist ein Wort, mit dem sich leicht moralisieren lässt. Sie können gegenüber sich selbst moralisierend auftreten oder gegenüber anderen. «Ich hätte mehr Energie für meine Kinder haben sollen» ist ein Beispiel für ein moralisches Urteil, das Sie über sich selbst fällen. Beim Moralisieren richten Sie Wut nach innen und greifen sich an.

Sie können den moralischen Zeigefinger auch gegen jemand anderen erheben: «Du hättest etwas mehr an mich denken können!» Oder noch schlimmer: «Nach allem, was ich für dich getan habe, könntest du zumindest eine Spur von Dankbarkeit zeigen.» Sind Sie innerlich aufgebracht oder wütend, brauchen Sie nur den moralischen Zeigefinger zu erheben – entweder gegenüber sich selbst oder gegenüber anderen. Das hilft! Aber bedenken Sie: Es hilft Ihnen nicht langfristig, da es sich um eine Kompensationsstrategie handelt, die Sie und andere schwächt.

Treten Sie sich selbst oder anderen gegenüber moralisierend auf, spüren Sie Ihre Wut, die sich dann entweder nach außen oder nach innen richtet. Sind Ihnen Ihre Hoffnungen bewusst, spüren Sie den Schmerz, wenn diese sich nicht erfüllen lassen, und die Freude, wenn sie erfüllt werden.

Sensible Menschen tendieren gewöhnlich eher dazu, sich selbst gegenüber moralisierend aufzutreten als gegenüber anderen. Gelingt es Ihnen nicht, Ihre eigenen Erwartungen zu erfüllen, ist es Ihnen möglicherweise zur schlechten Angewohnheit geworden, sich selbst zu verurteilen: «Ich hätte es besser machen sollen – nach allem, was meine Eltern für mich getan haben, hätte ich mich wesentlich mehr freuen sollen, wenn sie mich anrufen.» Auf diese Weise können Sie sich mit negativen Selbsturteilen überfordern. Das Resultat davon ist Überstimulation und Erschöpfung.

Ich hoffe, dass Sie als Leser spüren, dass mit der Formulierung eines Wunsches völlig andere Gefühle einhergehen, als wenn Sie moralisieren. Vergegenwärtigen Sie sich eines Ihrer typischen Urteile über sich selbst oder andere und formulieren Sie dieses «ich sollte» in ein «ich wünschte» oder «ich vermisse» um. Sie werden spüren, welche Veränderung in Ihrem Inneren auf diese Weise mit Ihrer Selbstwahrnehmung einhergeht. Es stellt sich Ruhe ein, bevor Trauer sich breitmacht. Das ist wesentlich besser für ein sensibles Nervensystem als Wut.

6 Schuld und Scham

∾

Reale Schuld

Es gibt zwei Arten von Schuld:

- Reale Schuld – ein Signal dafür, dass man etwas getan hat, wodurch jemand anderer beeinträchtigt wurde.
- Übertriebene Schuld – wenn das Schuldgefühl in keinem Verhältnis steht.

Reale Schuld und Macht sind zwei Seiten derselben Medaille. Derjenige, der tatsächlich Schuld auf sich lädt, besitzt auch Macht. Wenn ich nicht schuld sein kann, dass es am Geburtstag meiner Mutter regnet, liegt das daran, dass ich keine Macht über das Wetter habe. Ich kann hingegen Mitschuld daran tragen, wenn sie an ihrem Geburtstag alleine ist. Ich hätte nämlich vorbeischauen können, es sei denn, ich läge im Krankenhaus – und das mit zwei gebrochenen Beinen.

Wenn Ihr Schuldgefühl in einem adäquaten Verhältnis zum Einfluss steht, den Sie auf etwas gehabt haben, ist die Schuld real. Sie haben einer anderen Person Scham oder Schmerz bereitet. Sollte dies der Fall sein, empfiehlt es sich bisweilen zu versuchen, es wiedergutzumachen. Sie können beispielsweise fragen: «Kann ich irgendetwas sagen oder machen, um deinen Schmerz zu lindern?» Und auch wenn dies nicht der Fall sein sollte, freut sich der andere sicherlich darüber, dass Sie gefragt haben.

Sich zu entschuldigen und anzubieten, es wiedergutzumachen, fällt sensiblen Menschen selten schwer. Sie tendieren sogar eher zu übertriebenen Schuldgefühlen und Entschuldigungen.

Es würde Ihnen sicherlich guttun, sich nicht ständig zu entschuldigen und stattdessen das schlechte Gewissen auszuhalten. Das ist nämlich der Preis, den Sie manchmal bezahlen müssen, um sich selbst treu zu bleiben. Der dänische Psychotherapeut und Theologe Bent Falk bezeichnet Schuld als «existentielle Steuer». Angenommen, Sie haben Ihre Großmutter enttäuscht, weil Sie sich für eine andere Ausbildung als die von ihr gewünschte entschieden haben. Anstatt zu versuchen, dies mit vielen Entschuldigungen, Erklärungen oder anderen Leistungen wiedergutzumachen, können Sie sich selbst sagen, dass das schlechte Gewissen, das heißt das Bewusstsein, Ihre Großmutter enttäuscht zu haben, der Preis ist, den Sie zahlen müssen, um sich selbst treu zu bleiben. Und möglicherweise ist Ihre Treue zu sich selbst den Preis wert.

Übertriebene Schuldgefühle

Wenn Sie sich für etwas schuldig fühlen, das Sie nicht beeinflussen können, handelt es sich um übertriebene Schuldgefühle. Das ist ebenso der Fall, wenn Sie die ganze Schuld für etwas auf sich nehmen, auf das Sie nur begrenzten Einfluss haben. Wenn Sie sich ganz allein die Schuld daran geben, dass die Stimmung beim letzten Mal, als Sie Gäste hatten, schlecht war, bewerten Sie Ihren Einfluss und Ihre Bedeutung über.

Manche Psychologen vertreten die Auffassung, dass Schuld in Wirklichkeit Wut ist, die man gegen sich selbst richtet. Das ist sicherlich bisweilen der Fall. Mir erscheint es meistens jedoch schlüssiger, übertriebene Schuldgefühle als Verteidigungsstrategie gegen Machtlosigkeit und damit einhergehende

Trauer zu betrachten. Deshalb sind übertriebene Schuld und Macht nicht wirklich miteinander verknüpft. Bei übertriebener Schuld habe ich nicht die Macht, an der Situation etwas zu ändern. Es kann beispielsweise leichter sein, sich die Schuld an einer schlechten Ehe zu geben, als der Tatsache ins Auge zu blicken, dass der Ehepartner einen nicht mehr liebt (wenn dies der Fall sein sollte).

Derjenige, der sich selbst allein die Schuld daran gibt, dass er und sein Ehepartner sich auseinandergelebt haben, mag glauben, dass er etwas daran ändern kann – obwohl der Partner daran kein Interesse hat. Solange Sie damit beschäftigt sind, an sich zu arbeiten, haben Sie sich zugleich eine Gelegenheit geschaffen zu ignorieren, wie prekär Ihre Lage ist.

Oft bleibt bei übertriebenen Schuldgefühlen die Tatsache außer Acht, dass das Leben einfach so unsicher und unvorhersehbar ist, dass mir jederzeit ein Unfall passieren oder ich von einer unheilbaren Krankheit befallen werden kann, egal wie vorsichtig ich bin oder wie gesund ich lebe. Wenn Sie es wagen, sich die Unsicherheit des Lebens und Ihre eigene Machtlosigkeit einzugestehen, brauchen Sie sich nicht mit übertriebenen Schuldgefühlen zu belasten.

Kinder geben sich gerne die Schuld an schlechter Stimmung zu Hause. Selbst Schuld zu haben, verleiht mehr Sicherheit, da man glaubt, die Macht zu besitzen, daran etwas ändern zu können. Das fühlt sich besser an, als Eltern ausgeliefert zu sein, die manchmal in ihrer Elternrolle überfordert sind. Das Kind, das sich selbst die Schuld gibt, beginnt, «an sich zu arbeiten». Es wird wahrscheinlich versuchen, so artig und folgsam zu sein wie nur möglich, damit die Stimmung zu Hause wieder besser wird. Die Alternative für das Kind besteht darin, der Tatsache ins Auge zu blicken, dass die Eltern Fehler haben – und das kann für ein Kind so beängstigend sein, dass es sich lieber selbst die Schuld gibt.

Manche Menschen halten unanfechtbar bis zum Lebensende an ihrer Idealvorstellung von der Unfehlbarkeit ihrer Eltern fest. Oft geht damit eine entsprechend übertrieben negative Selbstwahrnehmung einher. Je schlechter und liebloser die Kindheit gewesen ist, desto stärker werden die Eltern häufig idealisiert.

Es kann hilfreich sein, als Erwachsener an dem Verhältnis zu den Eltern zu arbeiten und es zu verändern. Erst dann ist man fähig, sich der Realität zu stellen – das war einem als Kind oft nicht möglich. Durchlebt man die eigene Kindheit in der Erinnerung eventuell zusammen mit einem Therapeuten noch einmal, entdeckt man bisweilen Gefühle, denen man jetzt Ausdruck verleihen kann, während man sie als abhängiges Kind verdrängt hatte. Vielleicht verändert sich anschließend das Bild des Vaters und/oder der Mutter. Das Gleiche kann auch mit ihrem Selbstbild geschehen. Einige der übertriebenen Schuldgefühle aus der Kindheit können abgelegt werden, was eine große Erleichterung bedeutet.

Konkrete Arbeit mit Schuldgefühlen

Hin und wieder denkt man in Dichotomien. Entweder bin ich an allem selbst schuld oder es trifft mich keinerlei Schuld. Meistens liegt die Wahrheit irgendwo dazwischen.

Im Folgenden finden Sie eine Übung, die Sie machen können, wenn Sie sich schuldig fühlen. Auf diese Weise können Sie feststellen, ob Ihre Schuldgefühle berechtigt oder unangemessen sind.

Nehmen wir an, Sie geben sich die Schuld am Unglück eines anderen Menschen – zum Beispiel an der Depression Ihrer Schwester. Machen Sie eine Aufstellung aller Faktoren, die Einfluss auf das Wohlbefinden Ihrer Schwester haben. Die Liste kann beispielsweise wie folgt aussehen:

- ihre Beziehung zu ihrem Freund/Mann
- ihre Arbeit
- ihre Kindheit
- ihre finanziellen Verhältnisse
- ihre vorhandene oder fehlende Sozialkompetenz
- ihre Gesundheit
- ihr Netzwerk
- unser Verhältnis zueinander

Wenn Sie fertig sind, versehen Sie jeden einzelnen Faktor mit einer Prozentzahl, je nachdem wie hoch Sie den jeweiligen Einflussfaktor einschätzen: beispielsweise die unglückliche Kindheit mit 12 Prozent, die mangelnde soziale Kompetenz mit 13 Prozent, die Arbeit mit 24 Prozent, die Gesundheit mit 11 Prozent. Zum Schluss entwerfen Sie ein Tortendiagramm, das die unterschiedlichen Komponenten anhand von Prozentzahlen illustriert.

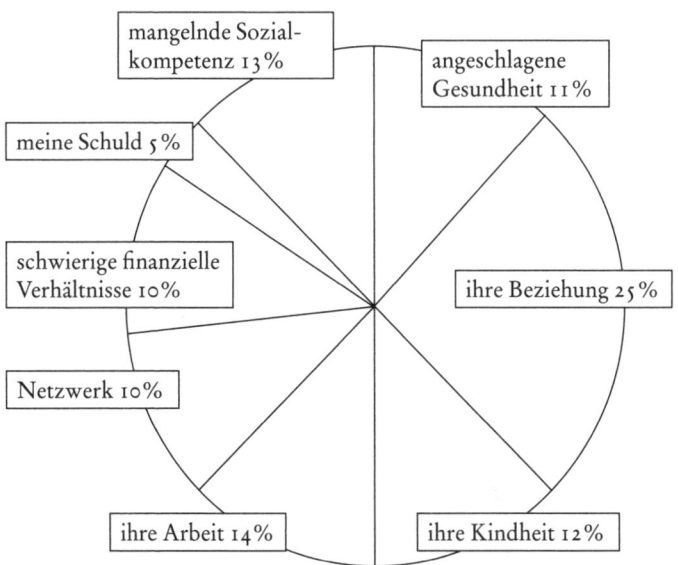

Häufig arbeite ich mit einem solchen Kreisdiagramm bei Klienten, die sich entweder zu wenig oder zu viel Schuld zuschreiben. Bei hochsensiblen Klienten ist in der Regel Letzteres der Fall.

Diese Methode kann einem die Augen öffnen. Manche Menschen reagieren erleichtert, indem sie von «Alles war meine Schuld» zu «Es war zu 5 Prozent meine Schuld» gelangen. Aber es ist nicht immer nur erfreulich, sich von übertriebenen Schuldgefühlen zu befreien. Für manche Menschen ist es auch ein wenig erschreckend, damit konfrontiert zu werden, wie wenig Macht sie in Wirklichkeit über eine Situation haben.

Schamgefühle

Schuld bezieht sich auf etwas, das Sie getan haben, wohingegen Scham das komplette Sein betrifft. Wenn Sie sich schuldig fühlen, sind Sie normalerweise imstande zu formulieren, woraus die Schuldgefühle resultieren. Anschließend können Sie eventuell anbieten, die Schuld wiedergutzumachen – wenn sie real ist –, oder Sie können an dem Schuldgefühl arbeiten, wenn es übertrieben sein sollte.

Anders ist es mit Schamgefühlen. Sie können sich schämen, ohne imstande zu sein zu formulieren, woher das Schamgefühl rührt. Häufig ist es ein schwammiges Gefühl, nicht richtig zu sein – gepaart mit der Angst, dass jemand dies entdecken könnte. Sie möchten sich am liebsten verkriechen, wenn Sie sich schämen. Vielleicht werden Sie wütend, wenn sich Ihnen jemand nähert.

Scham ist ein Gefühl, grundlegend verkehrt zu sein. Es ist schwierig, darüber zu sprechen. Oft schämt man sich auch dafür, dass man sich schämt, und weigert sich, darüber zu reden.

Scham entsteht, wenn Sie als Kind nicht ernst genommen wurden. Stellen Sie sich vor, Sie wollten Ihrem Vater oder Ihrer Mutter etwas geben, auf das Sie stolz waren, und Ihre Eltern haben es entweder übersehen, abgelehnt oder Sie einfach nur getadelt.

Stellen Sie sich ein kleines Kind vor, das spürt, dass die Mutter traurig ist. Das Kind krabbelt auf den Schoß der Mutter und legt seine Arme um ihren Hals. Wenn die Mutter daraufhin aufsteht und sagt, dass sie viel zu tun habe und dass das Kind ihr doch den Gefallen tun und draußen spielen solle, entsteht in dem Kind das Gefühl, etwas falsch gemacht zu haben. Kommt es häufiger zu einer solchen Situation, in der das Kind sein Mitgefühl ausdrückt und dann zurückgewiesen wird, kann dies dazu führen, dass es sich für sein Bedürfnis schämt, jemand anderem sein Mitgefühl zu zeigen.

Vielleicht tut es dies einfach nicht mehr oder, noch schlimmer, es hört ganz auf, sich in solchen Situationen überhaupt zu spüren.

Ein weiteres Beispiel für die Entstehung von Schamgefühlen ist etwa die Situation eines Kindes, das jedes Mal, wenn es vergnügt allein in seinem Zimmer ist, zu hören bekommt, dass gesunde Kinder rausgehen und mit anderen spielen. Dieses Kind wird das Gefühl haben, etwas stimme nicht mit ihm, wenn es sich zurückzieht. Danach wird es das vielleicht nur noch heimlich tun, und wird es dabei ertappt, wird es sich schämen.

Viele Menschen leben bis an ihr Lebensende mit Schamgefühlen, über die sie niemals zu sprechen gewagt haben. Andere kämpfen gegen die Scham an, und es gelingt ihnen, wieder sie selbst zu sein.

Das Schamgefühl kann durch eine neue Erfahrung, die die alte ersetzt, aufgelöst werden. Nehmen wir an, das Kind, das sich für sein Mitgefühl schämt, wagt es eines Tages dennoch wieder, einem anderen Menschen sein Mitgefühl zu zeigen. Vielleicht ist der Betreffende dann schon erwachsen und jemand aus seiner Umgebung benötigt mehr Zuwendung. Zu Anfang wird es beängstigend und ungewohnt sein, aber wenn das Mitgefühl vertrauensvoll angenommen wird, ist daraus eine wichtige neue Erfahrung entstanden. Und je öfter eine Person sich darin übt, umso natürlicher wird sich das Verhalten später anfühlen und die Scham vielleicht ganz verschwinden.

Wenn man sich für seine Sensibilität schämt

Wofür sensible Menschen sich häufig schämen:

- dass sie andere Menschen manchmal weit weg wünschen;
- dass sie wenig schlagfertig sind – vielleicht fürchten sie, als jemand wahrgenommen zu werden, der nicht die Wahrheit sagen will, weil er so lange über Antworten nachdenkt;
- dass sie Hektik nicht gewachsen sind;
- dass sie die Dinge nicht so leicht nehmen können wie alle anderen;
- dass sie sich häufig in Situationen wiederfinden, in denen sie das Gerede um sich herum eigentlich überhaupt nicht interessiert, weil sie es oberflächlich finden;
- dass sie oft schneller als alle anderen erschöpft sind.

Wenn Sie viel Schambehaftetes in sich tragen, das Sie zu verbergen versuchen, erweisen sich Gespräche als schwierig. Die Worte können nicht frei fließen. Es kostet Energie, die Geheimnisse zu bewahren.

Hören sensible Menschen den Erzählungen anderer sensibler Menschen zu, finden sie manchmal den Mut, sich zu öffnen. In meinen Seminaren für Hochsensible habe ich festgestellt, wie ermutigend es ist, wenn jemand anfängt, offen darüber zu sprechen, wo er oder sie zu kurz kommt. Andere tun das dann auch und freuen sich darüber, sich im anderen wiederzuerkennen.

Auf Menschen zu treffen, die sich wegen derselben Dinge

schämen, bedeutet eine sehr große Erleichterung. Danach gehen viele Betroffene nach Hause und fangen an, einiges davon in Worte zu fassen, was sie bisher versteckt haben. Damit sind sie auf einem guten Weg, die Scham hinter sich zu lassen.

«Ich habe angefangen, mit meiner Mutter zu besprechen, wann sie kommt und wann sie wieder fährt, wenn sie mich besuchen kommt. Ich sage jetzt ganz offen: ‹Mama, du weißt, dass ich sehr gerne Besuch habe, aber nur für eine gewisse Zeit. Zu lange Besuche am Stück strengen mich an.›

Am Anfang ließ meine Mutter einige Bemerkungen über mein verändertes Verhalten fallen. Jetzt hat sie sich daran gewöhnt, dass es so ist, wie es ist. Im Gegenzug freue ich mich nun auf ihre Besuche. Es ist einfacher und überschaubarer geworden, wenn ich weiß, wann sie wieder nach Hause fährt.» Inger, 50 Jahre

7 Lebenssituationen

∾

Beziehungsschwierigkeiten

Viele Hochsensible entscheiden sich dafür, allein zu leben. Dadurch haben sie die Möglichkeit, sich den Frieden und die Ruhe zu verschaffen, die sie in ihrem alltäglichen Leben so schätzen. Gleichzeitig kann dies manchmal etwas einsam werden. Daraus entsteht dann womöglich ein schwieriges Dilemma:

«Ich hätte so gerne einen Partner, aber wenn er dann von mir erwarten würde, dass ich zu allen runden Geburtstagen seiner Familie mitkomme – das würde für mich zu einer Tortur werden. Ich habe bereits gegenüber meiner eigenen Familie ein reichlich schlechtes Gewissen.» Hanne, 45 Jahre

Von Hochsensiblen, die in einer Beziehung leben, höre ich oft, dass es schwierig sei, genügend Zeit und Raum für sich allein zu finden.

«Wenn ich nicht mindestens die Hälfte der Hausarbeit hinbekomme und mich nicht die Hälfte der Zeit um die Kinder kümmere, ist meine Frau enttäuscht und macht mir eine Szene. Ich hasse es, wenn sie so emotionsgeladen ist. Mein Nervensystem gerät dadurch aus dem Gleichgewicht. Deswegen nehme ich all meine Kräfte zusammen, um meinen

Teil auch zu erledigen. Häufig fühle ich mich ganz schön ge-
trieben. Wenn es richtig schlimm ist, bin ich so überstimu-
liert, dass ich sowohl den Kontakt nach außen als auch nach
innen verliere. An solchen Tagen sehne ich mich nach ewiger
Ruhe.
Zwischendurch kann ich mich ein wenig in meine Werkstatt
zurückziehen. Ich genieße es, dort draußen vor mich hin zu
basteln. Der Frieden währt jedoch meistens nicht lange.
Meine Frau findet, es sei wichtiger, dass ich Dinge im Haus
erledige oder dass ich zumindest die Kinder mit in die Werk-
statt nehme.» Kasper, 35 Jahre

Haben Sie einen widerstandsfähigen und extrovertierten Partner, der Verständnis und Respekt für Ihre Sensibilität auf-
bringt, so kann das für Ihr Zusammenleben von Vorteil sein.
Typischerweise macht es ihm nichts aus, ständig Auto zu fahren, sämtliche Supermarkteinkäufe zu übernehmen oder die
Kinder zu Wettkämpfen zu begleiten. Da er nachts gut schläft,
stört es ihn vermutlich auch nicht, geweckt zu werden, wenn
Sie nicht schlafen können und in den Arm genommen werden
möchten.

Hat ein widerstandsfähiger Partner kein richtiges Verständnis
für Ihre Sensibilität, wird es schwierig. Vielleicht sieht er
wirklich ein, dass er gewisse Rücksichten nehmen muss. Wenn
er sich aber ständig damit brüstet, Ihre Stütze zu sein, sind Sie
dessen sicherlich bald überdrüssig und fühlen sich als Belastung. Dies könnte beispielsweise der Fall sein, wenn er sagt
oder die Haltung vertritt: «Zum Glück habe ich so viel Energie, da du immer so müde bist.» Oder wenn er jedes Mal de-
monstrativ seufzt, wenn er seinen Aktivitäten alleine nachge-
hen oder eine zusätzliche Aufgabe übernehmen muss. Einige
hochsensible Menschen haben mit einem solchen Partner viele

Jahre zusammengelebt. In der Regel weisen sie ein oder mehrere Stresssymptome auf.

Einige trennen sich, was natürlich eine schwere Entscheidung ist:

«Die emotionalen Hochs und Tiefs meines Mannes haben mir schwer zu schaffen gemacht. Ich bin damit einfach nicht mehr zurechtgekommen. Schließlich habe ich mich scheiden lassen. Das war wahnsinnig schwer. Ich habe eine ganze Menge Menschen damit verletzt, und das wollte ich in der Tat am allerwenigsten.» Line, 42 Jahre

Andere finden einen Partner, der ebenfalls hochsensibel ist:

«Bei meinem dritten Versuch habe ich meine Seelenverwandte getroffen. Von außen betrachtet wirkt unsere Ehe sicher langweilig. Wir sind meistens bei uns zu Hause, weil keiner von uns gerne Auto fährt. Oft sind wir zusammen und sagen kein Wort. Aber wir spüren beide eine tiefe Nähe, und ich vertraue ihr mein geheimstes Inneres an, das ich selbst kaum kenne.» Egon, 62 Jahre

Hochsensible Eltern

Einige Hochsensible entscheiden sich gegen Kinder. Andere möchten nur ein Kind. Es ist schwer, wenn man als Elternteil hochsensibel ist.

«Es ist nicht leicht, die Pausen zu bekommen, die ich brauche. Wenn ich ins Bad gehe, um ein wenig Ruhe zu haben, ruft sie sofort ‹Mama, Mama – wo bist du?›» Maja, 38 Jahre

Andere Seminarteilnehmer haben erzählt, dass sie ein Kind im Teenageralter bitten mussten, von zu Hause auszuziehen. Der Lärm, das Chaos und die Spontaneität, der man ausgesetzt ist, wenn ein Kind in diesem Alter zu Hause wohnt, wurden einfach zu viel.

Sind Sie eine sensible Natur, haben Sie als Elternteil häufig viele Qualitäten. Sie besitzen wahrscheinlich eine hervorragende Intuition, sind aufmerksam und es gelingt Ihnen, die Bedürfnisse des Kindes zu erspüren. Sie sind sicherlich auch gewissenhaft und tun alles, was in Ihrer Macht steht, um ein guter Vater oder eine gute Mutter zu sein.

Zudem haben Sie vielleicht auch noch hohe Ansprüche an sich selbst, wie Sie als Elternteil sein sollten. Es mag beschämend sein, wenn Sie sich eingestehen müssen, dass Sie Ihren eigenen Ansprüchen nicht immer gerecht werden können.

Das Problem besteht darin, dass Sie manchmal keine Kraft mehr haben und sich zurückziehen müssen. Ist dies nicht möglich, werden Sie gereizt, und Ihr Einfühlungsvermögen, von dem Sie ansonsten so viel besitzen, ist möglicherweise vollkommen verschwunden.

Sind Sie zu zweit, können Sie sich gegenseitig entlasten und sich abwechselnd eine Pause gönnen. Sind Sie allein mit einem oder mehreren Kindern, sollten Sie sich so viel Unterstützung wie möglich holen.

Ich war selbst allein mit zwei Kindern. Das ist gut machbar. Aber ich habe mich oft dafür geschämt, dass ich keine bessere Mutter sein konnte, als ich es war. Beispielsweise ging ich nicht zu allen Elternabenden. Meine Kinder haben sehr schnell gelernt, sich morgens allein fertig zu machen und in die Schule zu gehen. Wenn ich von anderen Eltern gehört habe, dass sie zeitig aufgestanden sind, um ihren Kindern frische Brötchen zu backen, durchfuhr mich ein stechender Schmerz. Ich hätte das auch gerne für meine Kinder getan.

Aber der ganze Stress, zwei Kinder rechtzeitig aus dem Haus zu bekommen, von denen das eine erst im allerletzten Augenblick aus dem Bett kam, war so belastend für mich, dass es danach lange dauerte, bis ich meine innere Ruhe wiederfand und mich auf meine Arbeit konzentrieren konnte.

So kam ich auf die Idee, mit Ohrstöpseln im Bett zu bleiben, mir einen ruhigen Morgen zu gönnen und erst aufzustehen, wenn die Kinder aus dem Haus waren. Von da an konnte ich den Tag wesentlich besser überstehen. Als Pfarrerin wurde ich von Leuten aus dem Kirchenvorstand häufig gefragt, wann mein Tag morgens beginnen würde. Dieser Frage wich ich aus, weil ich mich schämte.

Heute mache ich mir immer noch Gedanken über Dinge, die ich meinen Kindern nicht geben konnte. Zum Beispiel eine Fülle an Kraft, die ich gerne gehabt hätte, aber nicht hatte. Aber es war so, wie es war, und ich bin nicht länger wütend auf mich. Heute habe ich zwei erwachsene, selbständige Kinder, die gut zurechtkommen.

8   Psychische Leiden

∾

Anfälligkeit für Angstzustände und Depressionen

Hochsensible sind anfällig für Angstzustände und Depressionen. Das ist nicht auf die Charaktereigenschaft an sich zurückzuführen. Hochsensible Menschen, die nicht sicher und geborgen aufwuchsen, haben lediglich eine Disposition dafür. Man muss sich aber auch bewusstmachen, dass die Kindheit eines Hochsensiblen sehr leicht zu erschüttern ist. Das heißt, dass Erlebnisse, die an einem widerstandsfähigeren Kind einfach abprallen, bei einem hochsensiblen ein Trauma auslösen können.

Zahlreiche sensible Menschen leiden unter Angstzuständen. Hochsensible besitzen häufig eine ausgeprägte Fantasie und ein ausgezeichnetes Vorstellungsvermögen. Sie haben die Gabe, in neuen Bahnen zu denken, und stellen sich gleichzeitig dabei vor, was alles schiefgehen könnte. Dieses Vermögen befähigt sie, vieles zu bedenken, wodurch sie Pannen und Irrtümer vermeiden. Zugleich machen sie sich jedoch auch mehr Sorgen als andere Menschen.

Angst ist ein natürliches Gefühl

Angst ist angeboren. Manche Menschen haben zu wenig Angst, wodurch sie waghalsig werden – und das kann gefährlich sein. Ich gehe davon aus, dass die meisten Menschen, die ihre Kinder in die Welt hinausschicken, darauf hoffen, diese seien furchtsam genug, um sich nachts in fremden Großstädten von gefährlichen Brennpunkten fernzuhalten.

Hochsensible Jugendliche kann man getrost ziehen lassen, denn sie passen gut auf sich auf. Sie sind vorsichtiger, was Rauschmitteln anbelangt, verstoßen seltener gegen Gesetze und sind bessere Autofahrer – wenn sie sich überhaupt trauen, den Führerschein zu machen.

Angst kann unterschiedliche Ausprägungen haben: von leichter Unruhe bis hin zu rasenden Panikattacken. Einige meiner Klienten behaupten, sie hätten keine Angst. Wenn ich dann jedoch näher darauf eingehe, was Angst eigentlich ist, erkennen sie häufig, dass einige ihrer Symptome nichts anderes als eine Form von Angst sind. Im Folgenden sehen Sie eine schematische Darstellung unterschiedlicher Angstsymptome:

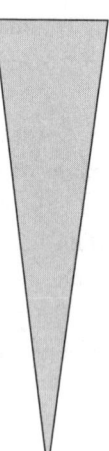

Herzrasen
Druck auf der Brust
Probleme mit der Atmung
Zittern
Schwitzen
zittrige Beine
Schwindel
Schmerzen beim Schlucken
Rastlosigkeit
Nervosität
Ängstlichkeit
Kummer
Schwierigkeiten sich zu entspannen
leichte Unruhe

Menschen, die sich vor nichts fürchten, fehlt der Bezug zur Realität. Das Leben kann gefährlich sein. Wir sterben und wissen nicht, wann. Wir wissen nicht, was morgen sein wird, und die Konsequenzen des eigenen Handelns sind vielleicht erst einige Jahre später erkennbar. Ein gewisses Unsicherheitspotenzial im Leben ist ganz normal.

Hindert die Angst Sie jedoch daran, Ihr Leben frei zu entfalten, sollten Sie sich behandeln lassen. Durch eine kognitive Therapie können Sie Ihre Angst nachhaltig in den Griff bekommen und durch bestimmte Techniken, die Sie in der Therapie lernen, auch im Alltag in Schach halten. Dieselben kognitiven Methoden helfen bei Depressionen.

Aber nur in seltenen Fällen löst eine kognitive Therapie das Problem als Ganzes. Sie kann jedoch die Angst mindern und der Traurigkeit auf den Grund gehen, was sehr viel wert ist. Sie werden mehr Kraft haben, um auf andere Art und Weise weiter an sich zu arbeiten.

Müdigkeit und Depression

Eine Depression ist durch negative Gedanken über die eigene Person und ihre Zukunftsperspektiven gekennzeichnet. Negatives Denken ist ermüdend. Und das Denken wird negativer, wenn man müde ist. Dies führt zu einem Teufelskreis, der sich auf zwei Arten durchbrechen lässt.

Sie können etwas dafür tun, weniger müde zu sein. Depressive Menschen versuchen dies häufig, indem sie sich ins Bett legen und viel schlafen. Dabei ist jedoch zu bedenken, dass Müdigkeit manchmal getarnte Traurigkeit ist. Traurigkeit kann nicht durch Schlaf bekämpft werden, deshalb ist es in der Regel nicht empfehlenswert, sich in solchen Situationen ins Bett zu legen. Viel wichtiger als Schlaf sind dann Erfolgserlebnisse. Diese erzielen Sie häufig, indem Sie Ihre Komfortzone aufgeben, um ein langfristiges Ziel zu erreichen.

Wenn Sie anfangen, sich reale Ziele zu stecken, kann allein schon aufzustehen und den Briefkasten zu leeren ein Erfolgserlebnis sein. Und selbst, wenn Sie nicht wissen, worauf Sie

Lust haben, versuchen Sie dennoch, sich etwas vorzunehmen, das Ihnen womöglich Spaß macht. Vielleicht etwas, das Sie früher gerne gemacht haben. Vielleicht stellt sich bei der Tätigkeit die Freude wieder ein. Angenehme, genussvolle Tätigkeiten steigern die Energie. Lassen Sie sich von der Liste am Ende des Buches inspirieren. Oder versuchen Sie es mit der Strategie von Jens:

«Wenn es mir richtig schlecht geht, hole ich meine To-do-Liste hervor. Ich suche mir eine Aufgabe aus, die ich mir schon sehr lange vorgenommen habe und von der ich weiß, dass ich froh sein werde, wenn ich sie endlich streichen kann. Normalerweise sind das Dinge, die nur wenig Spaß machen. Deswegen stehen sie auch so lange auf der Liste. Aber das macht mir nichts aus. Ich habe sowieso schlechte Laune, so dass meine trübe Stimmung kaum schlimmer werden kann. Wenn ich dann fertig bin, beispielsweise mit dem Säubern des Abflusses, weiß ich, dass meine Laune sich ein wenig bessern wird. Vielleicht nur von minus acht auf minus sieben. Aber ich spüre einen Unterschied, und das gibt mir Hoffnung.» Jens, 55 Jahre

Gefühle und Gedanken hängen eng zusammen – das kognitive Grundmodell

Gefühle und Gedanken beeinflussen sich gegenseitig, wobei Gefühle nicht direkt beeinflussbar sind. Wenn Sie ein Weihnachtsgeschenk bekommen, das Ihnen nicht gefällt, können Sie nicht beschließen, sich darüber zu freuen, sondern nur vorgeben, dies zu tun. Genauso wenig können Sie beschließen, nicht wütend oder eifersüchtig zu sein – auch wenn es wesentlich angenehmer wäre, sich diesen Gefühlen nicht auszusetzen.

Dennoch sind Sie Ihren Gefühlen nicht völlig machtlos ausgeliefert. Mit Hilfe Ihrer Gedanken sind Ihre Gefühle indirekt beeinflussbar: Sie können diese zu einem gewissen Grad steuern, so dass Sie entscheiden, worauf Sie den Fokus richten wollen. Und das wiederum beeinflusst maßgeblich Ihre Gefühle.

Dasselbe Ereignis kann viele unterschiedliche Gefühle auslösen, je nachdem wie Sie darüber denken. Nehmen wir an, Sie treffen einen Kollegen auf der Straße, der Sie nicht grüßt. Dies können Sie unterschiedlich interpretieren. Wenn Sie denken: «Er ist wohl wütend auf mich», machen Sie sich vielleicht Sorgen. Wenn Sie denken: «Was bildet er sich ein! Er hätte mich grüßen müssen», werden Sie wütend. Denken Sie: «Er hat mich wohl nicht gesehen», dann sind Ihre Gefühle neutral. Sie kommen vielleicht zu der Auffassung: «Er sieht wohl schlecht – glücklicherweise habe ich noch so gute Augen, dass ich auch ohne Brille sehen kann», und freuen sich.

Wenn Sie zu Depressionen neigen, tendieren Sie dazu, sehr negativ zu denken. Trifft ein deprimierter Mensch auf einen Kollegen, der ihn nicht grüßt, besteht die Gefahr, dass diese Begebenheit eine ganze Reihe an negativen Gedanken in Gang setzt: «Warum kann er mich bloß nicht leiden? Vielleicht weil ich vergangenen Montag etwas zu spät gekommen bin. Letztes Jahr bin ich schon einmal zu spät gekommen. Alle anderen haben ihr Leben im Griff im Gegensatz zu mir. Ihm ist bestimmt aufgefallen, wie seltsam ich in Wirklichkeit bin ...»

Wenn Sie zu negativem Denken tendieren, hilft es Ihnen, Ihre Gedanken etwas besser zu steuern und negatives Kopfkino gleich wieder zu stoppen.

Dabei geht es vor allem darum, mit welchen Fragen Sie sich beschäftigen – denn die Art der Fragen beeinflusst Ihre Gedanken. Wenn Sie sich immer wieder fragen: «Warum bin ich nicht so erfolgreich, dass ich auf dem Titelblatt eines Magazins abgelichtet bin?», werden Sie Ihren Fokus auf Ihre Schwächen lenken. Fragen Sie hingegen: «Warum bin ich eigentlich nicht auf der Straße gelandet?», werden Sie Ihre Ressourcen und Erfolge in den Blick nehmen. Und wenn Sie sich fragen: «Warum kommt es mir gar nicht in den Sinn, meinem Leben selbst ein Ende zu setzen?», werden Sie sich darauf konzentrieren, was Ihnen Freude macht und Ihnen Hoffnung gibt, und Sie werden sich auf Ihre Werte konzentrieren.

Es geht nicht darum, so positiv wie nur möglich zu denken. Wenn Sie zu positiv denken, entwickeln Sie sich nicht weiter. Wenn ich denke: «Egal, was ich sage, die Leute werden es spannend finden», dann verliere ich vielleicht die Lust daran, mich ordentlich auf ein Seminar oder einen Vortrag vorzubereiten. Und niemand hört gerne länger jemandem zu, der sich nicht richtig vorbereitet hat.

Es geht darum, so realistisch wie möglich zu denken. Wenn Sie Ihre Umwelt zu positiv sehen, sollten Sie die rosarote Brille abnehmen, damit Sie die Welt so sehen, wie sie wirklich ist. Dann werden Sie nämlich wesentlich besser zurechtkommen.

Wenn Sie dazu tendieren, negativ zu denken, sollten Sie mit der Schwarzmalerei aufhören, damit Sie die Welt und sich selbst ohne negative Verzerrungen wahrnehmen können. Gelingt Ihnen das, werden sich Ihre Stimmung und Ihr Energiehaushalt verbessern.

Wenn Sie hochsensibel sind, haben Sie eine gewisse Veranlagung zu negativem Denken. Erwarten Sie nicht, dass Sie die Dinge so leicht nehmen können wie widerstandsfähigere Menschen. Es liegt in Ihrer Natur, vorsichtig zu sein. Und das ist bis zu einem gewissen Grad für Sie auch von Vorteil, denn unerwartete negative Ereignisse berühren Sie stärker als andere Menschen. Ihr feinfühliges Nervensystem kommt leichter aus dem Gleichgewicht.

Manchmal sollten Sie mit dem Schlimmsten rechnen

Vielleicht bekommen Sie bisweilen zu hören, dass Sie gelassener bleiben und sich nicht so viele Sorgen machen sollen. Widerstandsfähige Menschen kommen mit diesem Prinzip gut zurecht. Für Menschen mit einem sensiblen Nervensystem ist das jedoch schwierig.

«Wir gehen mit unserem Sohn, der mit einem Herzfehler geboren wurde, häufig zur ärztlichen Kontrolle. Ich habe mir angewöhnt, mich auf das Schlimmste gefasst zu machen und mich auf die Situation einzustellen, dass er möglicherweise operiert werden muss. Viele Jahre ging es ihm gut und ich wurde häufig kritisiert, weil ich mir dennoch Sorgen machte. Wohlmeinende Freunde rieten mir, ich solle mir nicht so viele Sorgen machen, das Beste hoffen und das negative Denken ausschalten.

Bei einer Kontrolle habe ich den Rat meiner Freunde tatsächlich befolgt. Ich war zuversichtlich: ‹Es wird schon›, sagte ich mir, während ich zusammen mit meinem Kind das Krankenhaus betrat. Aber es kam anders, jedenfalls nicht so, wie ich es gehofft hatte. Der Befund war positiv. Er musste operiert werden.

Ich war schockiert, fühlte Angst und Leere zugleich. Es war, als ob mein Kopf die Verbindung zum restlichen Körper verloren hätte. Ich schaffte es nicht nachzufragen. Ich war selbst so erschüttert, dass ich meinen damals zwölfjährigen Sohn, der Angst hatte, nicht beistehen konnte. Als ich nach Hause kam, brach ich zusammen. Alles war nur noch negativ und es dauerte lange, bis ich wieder auf die Beine kam.

Bis die Operation anstand, hatte ich gelernt, auf mich selbst zu hören. Ich hatte jeden Aspekt gründlich durchdacht und mich eingehend mit dem gesamten Operationsverlauf ausei-

nandergesetzt. Ich hatte mir Fotos angesehen und mich auf alles nur Mögliche eingestellt, das ich während der Operation eventuell miterleben müsste. Sogar auf die Möglichkeit, dass diese mit dem Tod enden könnte, hatte ich mich, so gut es ging, vorbereitet. Die gesamte Zeit über konnte ich bei meinem Sohn bleiben und ganz für ihn da sei. Sogar als die künstliche Beatmung abgeschaltet wurde und sein Vater rausgehen musste, weil es ihm zu viel wurde, blieb ich bei ihm. Denn ich war vorbereitet.

Jetzt bin ich immer auf das Schlimmste gefasst, wenn wir zur Kontrolle gehen. Meine Familie sagt manchmal immer noch zu mir, ich solle optimistischer sein und mir nicht von vornherein schon so viele Sorgen machen. Jetzt weiß ich, dass ich auf mich selbst hören muss. In Anbetracht des Schocks, den ich erlitten habe, ist die Kraft gut investiert, die ich benötige, um mich auf das Schlimmste vorzubereiten. Und bei jedem negativen Befund juble ich innerlich.»

Louise, 41 Jahre

Wenn Sie schwache Nerven haben, ist es oft tatsächlich von Vorteil, wenn Sie sich auf das Schlimmste gefasst machen. Denn dann werden Sie nicht ganz so stark überwältigt werden, sollte die befürchtete Situation eintreffen.

Hochsensibilität ähnelt einer Angststörung

Nehmen wir als Beispiel eine hochsensible Frau, die Fremden aus dem Weg geht. Es kann den Anschein erwecken, als hätte sie vor anderen Menschen Angst. Gutmeinende Therapeuten werden die Patientin auffordern, sich mehrmals täglich der furchteinflößenden Situation zu stellen, und das über einen längeren Zeitraum hinweg. Sie sind der Auffassung, dass der

Frau danach der Umgang mit Fremden wesentlich leichter fallen wird. Ein nicht mit Hochsensibilität vertrauter Therapeut wird ihr vielleicht die Aufgabe stellen, Orte aufzusuchen, an denen sich viele fremde Menschen aufhalten, und diese Menschen anzusprechen.

Die Frau meidet Fremde nicht aus Angst, sondern weil fremde Menschen für sie zu anstrengend sind, und dagegen schützt sie sich. Zwingt man sie dazu, auf andere zuzugehen, kostet sie das viel Kraft, und ihr ansonsten gutes Einfühlungsvermögen und Gespür für Situationen leidet darunter. Dies führt leicht zu schlechten Erfahrungen und verstärkt stattdessen ihr Unbehagen gegenüber Fremden.

Einige Hochsensible haben schlechte Therapieerfahrungen bei weniger sensiblen Therapeuten gemacht. Sie wurden aufgefordert zu versuchen, wie die meisten anderen Menschen zu werden. Sie sollten daran arbeiten, ihre Hemmungen zu überwinden, größere Risiken einzugehen, aufhören zu denken, bevor sie sprechen, und versuchen, spontaner zu reagieren.

Ein anderes Beispiel für solche falschen Ratschläge ist ein hochsensibler Mann, der sich in der Kantine während der Mittagspause unwohl fühlt. Möglicherweise empfiehlt ihm ein Therapeut, an seiner Angst zu arbeiten, indem er so oft wie möglich mittags in die Kantine geht. Das wäre absolut die richtige Behandlungsmethode für einen widerstandsfähigen Menschen. Doch bei einer hochsensiblen Person ist das Problem wesentlich komplexer. Vielleicht sind der Lärmpegel und das Chaos in der Kantine für ihn unangenehm. Vielleicht sind ihm die Tischgespräche zu oberflächlich, als dass sie sein natürliches Interesse wecken könnten. Viele Hochsensible lasten es sich selbst an, wenn ihnen solche Situationen keinen Spaß machen und sie sich nicht am Gespräch beteiligen mögen. Versuchen sie darüber hinaus so zu tun, als ob sie sich wohlfühlten und Spaß hätten, und sich zu verstellen, macht ihnen das Angst.

Für manchen Hochsensiblen ist es sicherlich besser, seine Mittagspause in einem nahe gelegenen Park zu verbringen. Viele bleiben aber auch im Büro und essen dort, anstatt in die Kantine zu gehen. Das kann andere Probleme mit sich bringen, aber für manche ist das zumindest an dem einen oder anderen Wochentag die beste Lösung.

Sollte Ihnen diese Problematik vertraut sein und müssen Sie die Mittagspause mit Ihren Kollegen verbringen, können Sie dafür sorgen, dass Sie sich wohlfühlen, indem Sie auf Ihre Art und Weise dabei sind. Wenn Sie akzeptieren, dass Sie Smalltalk nicht ertragen, und damit zufrieden sind, lediglich dabeizusitzen und nichts zu sagen, ist das bereits ein Anfang. Setzen Sie sich häufig unter Druck, um etwas zum Gespräch beizutragen, kann es bereits helfen und Ihnen Kraft geben, wenn Sie damit aufhören. Dadurch befreien Sie sich von diesem Druck.

Sind Sie hochsensibel, ist es am wichtigsten, sich so zu akzeptieren, wie Sie sind. Außerdem sollten Sie Ihre Umgebung so gestalten, dass Sie nicht überstimuliert werden und diese Ihren Bedürfnissen entspricht. Wenn Ihnen das gelingt, werden sich viele Probleme von selbst lösen, Ihnen wird es wesentlich besser gehen und Sie werden vermutlich mehr Lust und Energie haben, andere Menschen zu treffen.

Einem sensiblen Nervensystem können andere Ursachen zugrunde liegen

Sich mit Hochsensibilität auseinanderzusetzen und zu identifizieren, bringt Vorteile mit sich. Aber man sollte sich zugleich vor bestimmten Schlussfolgerungen in Acht nehmen.

Ein sensibles Nervensystem kann auch andere Ursachen haben. Wenn Sie ein Trauma erlitten und eine posttraumatische Belastungsstörung* entwickelt haben, werden Sie auf eine ähnliche Weise empfindlich und ängstlich reagieren wie jemand, der hochsensibel ist. Wenn Sie dann davon ausgehen, dass Sie hochsensibel sind, werden Sie möglicherweise falsch behandelt. Wenn Sie unter einer psychischen Erkrankung leiden, sollten Sie eine Behandlung keinesfalls ablehnen, selbst wenn Sie sich zugleich als hochsensibel einstufen.

Verdrängte Trauer macht einen Menschen ebenfalls ängstlich und empfindlich. Ich hatte einmal einen Patienten, nennen wir ihn Jens, der unter an Panik grenzender Angst litt, immer wenn seine Frau das Haus verließ. Er hatte sowohl eine kognitive Therapie angefangen als auch Medikamente eingenommen, beides jedoch mit geringem Erfolg. Es stellte sich heraus, dass er mit vier Jahren seine Großmutter verloren hatte. Seine Großeltern zu verlieren, ist eine Erfahrung, die die meisten von uns machen, und es kam ihm nicht in den Sinn, diesem Ereignis besondere Beachtung zu schenken.

Als ich ihn danach fragte, kam heraus, dass die Großeltern mit seinen Eltern zusammengelebt hatten. Seine Mutter war berufstätig gewesen, eine sehr leistungsfähige und viel beschäftigte Frau, der es schwerfiel, Nähe zuzulassen. Stattdessen hat die Großmutter auf Jens aufgepasst und war seine hauptsächliche Bezugsperson, weshalb er zu ihr die stärkste Bindung hatte. Als die Großmutter starb, sorgte die Familie in bester Absicht dafür, Jens zu «schonen». Er war deshalb nicht

---

* Eine posttraumatische Belastungsstörung ist eine psychische Erkrankung, die durch ein extrem belastendes Ereignis ausgelöst wurde. Sie kann beispielsweise durch eine Vergewaltigung oder das Miterleben eines Krieges verursacht werden. Sie zeigt sich in Form von erhöhter Wachsamkeit und starker Schreckhaftigkeit. Ein Symptom sind Flashbacks (intensives Wiedererleben der traumatischen Situation, die unwillkürlich in der Erinnerung des Betroffenen auftaucht, auch wenn er oder sie diese zu vermeiden versucht).

bei der Beerdigung dabei und niemand sprach mit ihm über den Tod seiner Großmutter.

Als ich Jens darum bat, einen Abschiedsbrief an seine Großmutter zu schreiben, brach seine Trauer hervor, und nach einer längeren Zeit der Trauerarbeit wurde er wesentlich widerstandsfähiger, als er es jemals zuvor gewesen war.

Wäre Jens davon ausgegangen, hochsensibel zu sein, hätte er sich möglicherweise für eine falsche Behandlung entschieden und die verdrängte Trauer wäre nicht zutage gefördert worden.

Wenn man ein Kindheitstrauma verarbeitet, kann man dadurch stärker werden. Sie sollten sich als hochsensibler Mensch nicht damit zufriedengeben, lediglich Ihr Leben nach Ihrer Hochsensibilität auszurichten. Es ist wichtig, dass Ihnen bewusst ist, dass es auch Traumata geben kann, an denen Sie wachsen werden, wenn Sie diese in einer Therapie verarbeiten.

Bedenken Sie, dass das eine das andere nicht ausschließt. Sie können sowohl hochsensibel sein als auch eine psychische Erkrankung haben. Und beides kann Ihnen weiterhelfen: sowohl Ihr Leben nach Ihrer Hochsensibilität auszurichten, so dass Sie sich als hochsensibler Mensch wohlfühlen, als auch eine Behandlung für Ihre psychische Erkrankung in Anspruch zu nehmen.

9 Entwicklung und Wachstum

∾

Hochsensible in der Psychotherapie

Psychotherapie kann für Hochsensible von großem Nutzen sein. Häufig erledigen sie sorgfältig die Übungen, die ihnen aufgetragen wurden, und reflektieren intensiv jedes einzelne Gespräch. Patienten, die nicht über ihre letzte therapeutische Sitzung nachdenken, benötigen kürzere Abstände zwischen den einzelnen Sitzungen, damit der Entwicklungs- und Reflexionsprozess nicht ins Stocken gerät. Ich hatte nur selten einen hochsensiblen Patienten, der in der Zwischenzeit nicht über unsere Gespräche nachgedacht hätte. Sie können den Reflexionsprozess gut selbst in Gang halten und benötigen nicht so häufig eine Sitzung.

Bei Hochsensiblen ergibt sich manchmal sogar das Problem, dass sich der Prozess zu schnell entwickelt, wodurch der Patient gewissermaßen von sich selbst überrollt wird. Meine Aufgabe ist dann, dafür zu sorgen, dass das Ganze nicht ein zu starkes Tempo erreicht. Manchmal begnüge ich mich daher damit, lediglich das zu wiederholen, was der Patient gesagt hat. Meine Wiederholung löst sofort neue Reflexionen bei einem Hochsensiblen aus, der dadurch ein Stück vorankommt. Manchmal braucht er nur meine freundliche Zuwendung und arbeitet dann allein weiter.

Das letztendliche Ziel einer Psychotherapie mit einem hochsensiblen Menschen besteht in der Regel darin, dass er sich selbst mehr lieben kann. Denn viele Hochsensible besitzen ein geringes Selbstwertgefühl, das sie durch zu hohe Erwartungen an sich selbst kompensieren. Dadurch befinden sie sich in einem Teufelskreis. Da sie unrealistisch hohe Ansprüche an sich stellen, können sie diese gar nicht erfüllen, und das wirkt sich wiederum negativ auf ihr Selbstbewusstsein aus.

Liebe dich selbst – unterstütze dich selbst

Wenn Sie eine empfindsame Natur sind, werden Sie sicherlich immer mal wieder in die Situation kommen, dass die anderen Sie nicht akzeptieren, geschweige denn verstehen. Vielleicht sind Sie der Meinung, dass Sie lernen sollten, wie die meisten anderen zu sein.

Dann ist es wichtig, dass Sie für sich selbst sorgen. Gelingt Ihnen das, werden Sie sogar mit Situationen zurechtkommen, in denen alle anderen der Ansicht sind, dass Sie sich anders verhalten sollten.

«Meine gesamte Familie macht mir zum Vorwurf, dass ich nicht zur goldenen Hochzeit meiner Großeltern gekommen bin. Aber ich weiß, dass ich mir immer größte Mühe gebe, auch wenn meine Kräfte bisweilen begrenzt sind. Das halte ich mir selbst zugute.» Rasmus, 32 Jahre

Manche Menschen reden auf wenig wertschätzende Weise mit sich selbst. Häufig ist ihnen gar nicht bewusst, wie problematisch das sein kann. Sie reden vielleicht, solange sie denken können, auf diese Weise mit sich selbst und haben eventuell nie darüber nachgedacht, daran etwas zu ändern.

Einer Patientin fiel während unseres Gesprächs auf, dass sie, sobald sie nervös wird, in einem wütenden Ton mit sich selbst spricht. So sagt sie beispielsweise: «Nimm dich zusammen!» Oder: «Entspann dich doch mal!» Unser Gespräch lief wie folgt ab:

Therapeutin: Was wäre, wenn Ihre jüngere Schwester nervös wäre, würden Sie dann genauso mit ihr reden?
Patientin: Nein, keinesfalls! Auf die Idee käme ich gar nicht.
T: Was würden Sie zu ihr sagen?
P (überlegt): Ich würde sie fragen, ob ich irgendetwas tun könnte, um ihr die Sache zu erleichtern.

Eine daran anschließende typische Aufgabenstellung könnte sein, zu Hause einen freundlich gestimmten Brief an die imaginierte kleine Schwester zu schreiben. Diesen Brief soll die Patientin zur nächsten Sitzung mitbringen und laut vorlesen.

Fällt Ihnen auf, dass Sie sich oft selbst in den Rücken fallen, sollten Sie das nächste Mal auf eine solche Situation vorbereitet sein. Stellen Sie sich die Situation bereits jetzt schon einmal vor. Angenommen, Sie reden wieder grob mit sich, da Sie einen Fehler gemacht haben. Betrachten Sie sich in der imaginierten Situation von außen. Üben Sie dann, etwas Nettes zu sich zu sagen. Schreiben Sie einen freundlichen Brief an sich, der Ihnen in dem Augenblick hilft, in dem Sie den Fehler begehen. Legen Sie den Brief in Ihr Portemonnaie oder in Ihre Tasche, damit Sie ihn immer bei sich haben. Ziehen Sie ihn hervor und lesen ihn jedes Mal, wenn Sie einen Fehler machen. Ein Beispiel für einen solchen Brief wäre:

Liebe Sussie,
Du darfst Fehler machen. Allen Menschen passiert das manchmal. Ich weiß, dass Du den Fehler nicht begangen hast, um jemandem zu schaden, und niemand hat das Recht, Dir den Fehler vorzuwerfen. Ich weiß, wie nett Du normalerweise bist und wie sehr Du Dich bemühst, es allen recht zu machen. Ich bin davon überzeugt, Du hast Dein Bestes gegeben. Das reicht, liebe Sussie. Mehr kann man

nicht verlangen. Klopf Dir selbst auf die Schulter und richte
Deine Aufmerksamkeit für einen Augenblick nach innen.
Werde Dir Deines eigenen Wertes bewusst.
Liebe Grüße
Sussie

Als Sussie mir den Brief vorlas, weinte sie. Ich glaube, sie hat gemerkt, wie sehr sie es vermisst, dass jemand so mit ihr spricht. Es gelingt ihr jetzt mehr und mehr, sich selbst das zu geben, was sie als Kind nicht bekommen hat.

Wenn es Ihnen schwerfällt, ein liebevolles Wort an sich selbst zu richten oder zu schreiben, dann stellen Sie sich stattdessen einen lieben Menschen vor, der sich an Ihrer Stelle befindet. Tauschen Sie anschließend seinen oder ihren Namen gegen Ihren eigenen aus.

Es dauert seine Zeit, eingefleischte Gewohnheiten zu verändern. Wenn Sie dreißig Jahre lang unfreundlich mit sich selbst gesprochen haben, können Sie nicht von heute auf morgen damit aufhören. Dies erfordert viel Übung, harte Arbeit und Durchhaltevermögen. Doch anschließend werden Ihnen die neuen Gewohnheiten in Fleisch und Blut übergehen und die alten verlieren sich langsam und verschwinden.

Daraus lässt sich viel Kraft schöpfen. Es ist genauso ungesund und belastend für Ihr Nervensystem, wenn Sie selbst unfreundlich mit sich sprechen, wie wenn andere dies tun. Nutzen Sie daher jede Gelegenheit und üben Sie, anerkennend mit sich zu reden. Folgendes Beispiel zeigt, wie es funktioniert, sich selbst gut zu unterstützen:

«Eines Abends spät rief meine Schwester an und warf mir
vor, ich würde mich zu wenig um unsere Mutter kümmern.
Wäre dies zu einem früheren Zeitpunkt geschehen, hätte ich
die ganze Nacht nicht schlafen können und wäre verzwei-
felt gewesen. Diesmal sagte ich zu mir selber: ‹Liebe Anna,

ich weiß, du gibst dein Bestes. Das ist okay so.› Danach habe ich mich selbst umarmt und bin eingeschlafen.» Anna, 49 Jahre

---

Wenn es Ihnen gelingt, sich selbst den Rücken zu stärken, steht Ihnen mindestens eine Person zur Seite, die Ihren Einsatz anerkennt – auch wenn dieser manchmal nicht besonders groß erscheinen mag.

Mitgefühl für sich selbst aufbringen

Manche Menschen halten nichts davon, Mitgefühl für sich selbst aufzubringen. Wenn ich in einer Sitzung mit jemandem über ein Erlebnis aus der Kindheit gesprochen habe, frage ich beispielsweise manchmal: «Wenn Sie sich jetzt das kleine Kind vorstellen, das Kind, das Sie selbst einmal gewesen sind, wie geht es Ihnen dann?»

Die Antwort lautet gewöhnlich: «Ich tue mir leid», und im nächsten Moment: «Das soll man ja eigentlich nicht.»

Ich freue mich darüber, dass die Person dieses Mitgefühl für sich aufbringen kann, und betrachte dies als erwachende Selbstliebe, von der die meisten, die eine Psychotherapie in Anspruch nehmen, zu wenig besitzen.

Selbstmitleid ist kein gesteigertes Mitgefühl. Selbstmitleid ist ungesund. Stellen Sie sich eine Frau vor, die jedes Mal, wenn sie andere trifft, immer wieder mit demselben Gejammer anfängt. Ihr Problem ist: Sie bemitleidet sich selbst zu sehr.

Sie hegt vermutlich keinerlei Liebe zu sich, und deswegen geht es ihr so schlecht. Hinter ihrer Opferstrategie verbirgt sich mit Sicherheit sehr große Wut, die auf eine tiefe Trauer zurückzuführen ist. Erst wenn sie sich traut, die verdrängte

Trauer zuzulassen, zu spüren, wie schlecht es ihr tatsächlich geht, und echtes Mitgefühl für sich aufzubringen, wird sie nicht mehr dieselbe Geschichte immer und immer wieder erzählen müssen.

Manchmal fordere ich Patienten auf, sich selbst zu umarmen oder sich aufmunternd auf die Schulter zu klopfen. Häufig widerstrebt ihnen dies. Manche fangen an zu weinen, weil sie spüren, wie sehr sie eine liebevolle Berührung vermissen. Wenn sie sich wieder beruhigt haben, geht es ihnen besser und sie haben eine wertvolle, neue Erfahrung gemacht.

Versöhnung

Es ist nicht einfach, sich einzugestehen, eine Last für andere zu sein, besonders wenn man Lebensregeln für sich aufgestellt hat, die genau das verbieten, oder wenn man an sich den Anspruch stellt, dass man anderen überaus zuvorkommend gegenüber auftreten sollte. Hochsensible müssen ihr Gegenüber manchmal darum bitten, sich zurückzunehmen.

«Ich hasse es, bei meinem Nachbarn, der über mir wohnt, zu klingeln und ihn zu bitten, weniger Lärm zu machen. Auch wenn ich versuche, zu lächeln und freundlich zu sein, sehe ich mit Sicherheit verärgert aus. Geräusche, die ich nicht ausstehen kann, verdrießen mich nämlich ungemein. Glücklicherweise reagiert er darauf äußerst gelassen.» Helle, 57 Jahre

Um mit sich selbst ins Reine zu kommen, muss man auch akzeptieren, manchmal eine Last für andere zu sein. Sich mit sich selbst zu versöhnen, ist nicht nur für Hochsensible ein lebenslanger Prozess, sondern für alle Menschen.

Wenn man jung ist, hat man viele Ideen, wie man sein Leben gestalten möchte. Später jedoch, wenn man älter wird und merkt, wie schwierig das Leben sein kann und wie wenig Einflussmöglichkeiten man tatsächlich hat, muss man einige dieser Träume aufgeben. Manche Träume davon, was man aus seinem Leben alles machen und was man alles erreichen wollte, erscheinen später, gemessen an dem tatsächlich Erreichten, fast schon töricht. In solchen Fällen sollte man empathisch gegenüber sich selbst sein und sich beispielsweise sagen: «Ich hätte es gerne besser gemacht, aber es ist so, wie es ist, und das ist ausreichend.» Was nichts anderes bedeutet als: «Es ist zumindest so gut, dass ich mich immer noch leiden mag.»

Die Freude der Selbstfindung

Für viele Hochsensible bedeutet es eine Erleichterung, sich ihres Charakterzuges bewusst zu werden. Anders zu sein ist plötzlich nicht mehr so erschreckend und inakzeptabel. Sie stoßen vielleicht auf andere Menschen, die sich in demselben Dilemma befinden. Diejenigen meiner Seminarteilnehmer, die all ihren Mut zusammengenommen haben, um zu sich selbst zu stehen, werden häufig zu Vorbildern. Ihr Mut überträgt sich auf andere.

«Ich habe jetzt damit angefangen, in dem Tempo zu gehen, das mir entspricht, auch wenn es bedeutet, langsam zu sein. Ich habe mich selber immer angetrieben, schneller zu gehen. Damit habe ich aufgehört. Jetzt dauert es ein wenig länger, bis ich mein Ziel erreiche, doch das tut meinem Körper gut.»
Lisa, 28 Jahre

Hochsensibilität ist nicht therapierbar. Hochsensible werden immer mehr Pausen benötigen und müssen stärker auf sich achten als andere. Je mehr sie jedoch in sich selber ruhen, desto weniger Kraft benötigen sie, um sich draußen in der Welt zurechtzufinden, und desto stärker sind sie.

Hochsensible tun sich auf manchen Gebieten schwerer. In einigen Bereichen sind sie kompetenter als andere. Eine Untersuchung des Psychologen und Verhaltensbiologen Stephen Suomi bei Affen zeigte, dass besonders sensible Affenjungen, die von unruhigen Affenmüttern aufgezogen wurden, als Ausgewachsene nicht gut gediehen. Bekamen sie jedoch eine ruhige Mutter zugeteilt, wurden sie, wenn sie ausgewachsen waren, zu Anführern der Gruppe.

Wenn Sie keine optimale Kindheit hatten, keine ausreichend sichere Bindung aufbauen konnten und deswegen nun Probleme haben, ist dies keineswegs unabänderlich. Alte Wunden sind heilbar, und Sie können lernen, die Liebe, die Sie in Ihrer Kindheit nicht bekommen haben, sich selbst zu geben. Wenn Ihnen das gelingt, bringen Sie die besten Voraussetzungen mit, auch anderen Menschen Liebe zu geben und von ihnen zu empfangen.

∾

Heftige Reaktion auf äußere Reize

Sogar Neugeborene reagieren auf äußere Reize unterschiedlich. Führt man ihnen mit Hilfe eines Strohhalms Wasser zu
und ändert plötzlich den Zuckergehalt des Wassers, saugen
einige Babys ruhig weiter, während andere heftige Reaktionen
zeigen. Eine Untersuchung von Linda LaGasse aus dem Jahr
1989 belegte, dass jene Babys, die am stärksten auf diese Veränderung reagierten, zwei Jahre später scheuer und vorsichtiger waren als andere.

Diese Untersuchung führt der amerikanische Psychologe
und Wissenschaftler Jerome Kagan in seinem Buch *The Long
Shadow of Temperament* an. Außerdem beschreibt er darin
seine eigenen Forschungsergebnisse zu Vererbung und Temperament. Jerome Kagan testete 500 vier Monate alte Babys
und fand heraus, dass ungefähr jedes fünfte anders als die anderen reagierte. Zunächst bezeichnete er diese Kinder als «gehemmte Kinder», weil sie wachsamer und vorsichtiger waren.
Später nannte er sie «extrem reaktiv».

Kagan versteht unter einem «extrem reaktiven» Kind eines,
das eine größere innere Erregung zeigt als andere, wenn es
neuen Reizen ausgesetzt wird. Den Babys wurden zusammen
mit platzenden Luftballons unbekannte, farbige Mobiles gezeigt, während ihre Mütter sie anschauten und lächelten, anders als sonst dabei jedoch kein Wort sagten. Vier von fünf
Kindern, mit denen dieses Experiment gemacht wurde, blie-

ben ruhig und entspannt, während jedes fünfte Kind schrie und um sich schlug.

Jerome Kagan traf viele der Kinder im Alter von zwei, vier, sieben und elf Jahren wieder und stellte jedes Mal fest, dass die «extrem reaktiven» Kinder sich auch später dadurch von den anderen unterschieden, dass sie stärker auf neue Reize reagierten.

Der Begriff «extrem reaktiv» darf nicht mit einer äußerlich sichtbaren Reaktion verwechselt werden, da es sich dabei um ein völlig anderes Phänomen handelt. In Kagans Fall ist eine innere Reaktion oder Erregung gemeint. Zwar schreien extrem reaktive Babys grundsätzlich mehr und schlagen um sich; setzt man sie jedoch neuen Reizen aus, wenn sie größer werden, ist ihre heftige innere Reaktion nicht immer auch äußerlich wahrnehmbar. Nach außen hin sichtbar ist möglicherweise nur, dass sich das Kind bei einer Begegnung mit einem Fremden hinter dem Vater oder der Mutter versteckt. Jene Babys, die schrien und um sich schlugen, werden also nicht unbedingt zu lauten Teenagern. Wahrscheinlich entwickeln sie sich sogar ganz im Gegenteil zu stillen und zurückhaltenden Charakteren, die mehr über das Leben reflektieren als ihre Altersgenossen.

Die amerikanische Psychologin und Wissenschaftlerin Elaine Aron baut ihre Forschung zu einem großen Teil auf den Untersuchungen anderer auf. Sie ist der Ansicht, dass Kagans «extrem reaktive» Kinder in Wirklichkeit hochsensibel sind.

Später untersuchte sie selbst mit Hilfe von Gehirnscannern die Reaktionen von hochsensiblen Erwachsenen auf unterschiedliche Reize und veröffentlichte ihre Forschungsergebnisse 2014 in der internationalen Fachzeitschrift *Brain and Behavior*:

Für das Experiment wurden achtzehn Personen mit einem Hirnscanner untersucht, während ihnen Fotos mit fröhlichen und traurigen Gesichtern gezeigt wurden. Dabei handelte es sich sowohl um Fotos von Fremden als auch um Fotos ihrer Ehe- bzw. Lebenspartner. Es zeigte sich, dass jene Bereiche des Gehirns, die mit Empathie in Verbindung gebracht werden, inklusive des Spiegelneuronensystems,* bei hochsensiblen Menschen wesentlich aktiver waren als bei den übrigen Versuchspersonen. Die größte Aktivität konnte festgestellt werden, wenn eine hochsensible Person ein Bild ihres Lebens- bzw. Ehepartners sah, auf dem dieser lächelte. Die Gefühle anderer Menschen – sowohl positive als auch negative – lösen bei hochsensiblen Menschen mehr aus als bei anderen.

Dass Elaine Aron nicht mehr als achtzehn Personen testete, ist darauf zurückzuführen, dass Magnetresonanztomographie-Untersuchungen sehr teuer sind. Obwohl die Anzahl der Versuchspersonen nicht groß ist, bin ich völlig davon überzeugt, dass das Resultat aussagekräftig ist. Es erweist sich als schlüssig und stimmt präzise mit den Erfahrungen überein, die ich selbst mit hochsensiblen Menschen gemacht habe. Besonders erfreut bin ich über die Feststellung, dass die stärksten Reaktionen in den Gehirnen von hochsensiblen Personen erfolgten, wenn sie ihren Partner in einem frohen Gemütszustand sahen. Das widerspricht nämlich der häufigen Annahme, dass hochsensible Menschen ausschließlich auf Gefahren und fremde Situationen heftig reagieren. Auch bei positiven Erlebnissen ist eine solch starke Reaktion feststellbar.

* Das Spiegelneuronensystem wurde in den 1990er Jahren entdeckt. Es verleiht uns die Fähigkeit, die Gefühle von anderen Menschen genauso präzise wahrzunehmen und widerzuspiegeln, als wären es unsere eigenen.

Eine neue Bezeichnung

«Hochsensibel» ist eine neue Bezeichnung für einen Persönlichkeitstyp, der in der Vergangenheit beispielsweise mit den Worten ängstlich, scheu oder neurotisch beschrieben wurde. In meiner Jugend sprach man sogar von schwachen Nerven, was ich noch schlimmer finde. Es zeigt sich eine Tendenz, sehr extrovertierte und widerstandsfähige Menschen als gesünder und wertvoller zu betrachten als schweigsame, zurückhaltende und reflektierende Typen, wie es hochsensible Menschen meistens sind. Diese Tendenz ist auch innerhalb der Psychologie erkennbar.

Das dominierende Modell innerhalb der Persönlichkeitspsychologie sind heute die «Big Five» bzw. das «Fünf-Faktoren-Modell». Es beschreibt die Persönlichkeit eines Menschen aufgrund fünf verschiedener Faktoren: Neurotizismus, Extroversion, Offenheit, Verträglichkeit und Gewissenhaftigkeit. Extroversion wird mit folgenden Worten beschrieben: Wärme, Geselligkeit, Dominanz, Aktivität, auf der Suche nach An- und Aufregendem, positive Emotionen. Introversion wird hingegen schlichtweg als fehlende Extroversion beschrieben! Es ist anzunehmen, dass dieses Persönlichkeitsmodell von vermeintlich extrovertierten und widerstandsfähigen Menschen erstellt wurde. Das Modell lässt die einzigartigen Merkmale außer Acht, die sowohl für Introvertierte als auch Hochsensible typisch sind.*

Betrachtet man diese Modelle, ist es nicht weiter verwunderlich, dass viele introvertierte und sensible Menschen unter einem niedrigen Selbstwertgefühl leiden.

---

* 30 Prozent der Hochsensiblen sind sozial extrovertiert, aber selbst sozial extrovertierte Hochsensible weisen Züge von Introversion auf, siehe Kapitel 1. Dies ist nur ein Beispiel dafür, wie vielschichtig die Realität ist.

Elaine Aron ist es zu verdanken, dass es ein alternatives Modell gibt.

Auf die Betroffenen mit den entsprechenden Charakterzügen hat es nämlich eine große Auswirkung, wie die unterschiedlichen menschlichen Eigenschaften im eigenen Kulturkreis beschrieben und vor allem bewertet werden.

Elaine Aron hat den hochsensiblen Menschen als ein komplexes System aus verschiedenen Eigenschaften beschrieben: empfindsam, gewissenhaft, kreativ, inspiriert, beeinflussbar, empathisch etc. Diese Eigenschaften können einem das Leben schwermachen, aber ebenso zur Quelle von Kreativität, Empathie und Präsenz werden.

Sie hat eine Charakterbeschreibung geschaffen, in der sich hochsensible Menschen wiederfinden. Diese wirft ein neues Licht auf jene Menschen und beschreibt sie nicht mehr ausschließlich als besonders ängstlich. Außerdem geht sie nicht davon aus, dass mit ihnen etwas nicht stimme. Stattdessen vertritt Aron den Standpunkt, dass Hochsensible einer Gruppe von Menschen angehören, die tiefe Freude empfinden können und darüber hinaus besondere Talente aufweisen.

Erbe und Milieu

Die neue Beschreibung der hochsensiblen Persönlichkeit ist nicht kontextlos. Sie ist auf zahlreiche Interviews und die langjährige Erfahrung von Elaine Aron als Psychotherapeutin zurückzuführen.

Es gibt mittlerweile sehr viele Forschungsergebnisse, die eindeutig belegen, dass viele Persönlichkeitsmerkmale angeboren sind und dass Menschen mit unterschiedlichen Charakterzügen zur Welt kommen. Ich will an dieser Stelle nur auf die Untersuchungen von eineiigen Zwillingen verweisen, die an der Universität von Minnesota ab 1979 durchgeführt wurden: Sie zeigen, dass angeborene Eigenschaften häufig ausschlaggebender für die Persönlichkeitsentwicklung sind als soziale Einflüsse.

Stephen Suomi fand außerdem heraus, dass Affenjungen oft ähnliche Persönlichkeitszüge aufweisen wie ihre Väter, selbst wenn sie ihnen nie begegnet sind.

Auch wenn man in den letzten Jahrzehnten festgestellt hat, dass die Vererbung wesentlich größere Bedeutung hat, als man glaubte, heißt das nicht, dass die Umwelt keinen Einfluss auf unsere Persönlichkeitsentwicklung hat. Das Milieu, in dem wir aufwachsen, ist ausschlaggebend dafür, ob Sensibilität eher zu einer Schwäche oder zu einer Ressource wird.

Testergebnisse

Es besteht keinerlei Zweifel daran, dass einige Menschen mit einem sensibleren Nervensystem auf die Welt kommen als andere.

Ob der Anteil der Hochsensiblen an der Gesamtbevölkerung wirklich 15 bis 20 Prozent beträgt, lässt sich hingegen durchaus in Zweifel ziehen. Und das, obwohl bei Jerome Kagans Untersuchung von 500 Babys jedes fünfte heftiger reagierte als die anderen. Kagan zog nämlich ausschließlich Babys von Müttern für seine Untersuchung heran, die der Mittelschicht angehörten und eine qualifizierte Ausbildung hatten. Außerdem wurden Frauen mit Problemen während der Schwangerschaft oder der Geburt nicht berücksichtigt. Hätte er einen zufälligen Bevölkerungsausschnitt untersucht, wäre der Anteil der heftig reagierenden Kinder womöglich anders ausgefallen.

Elaine Aron kam zu ihrer Annahme, dass der Anteil der Hochsensiblen 15 bis 20 Prozent beträgt, indem sie Tausende von Nordamerikanern einen Fragebogen beantworten ließ. Zwei Dinge erweisen sich dabei jedoch als problematisch. Einerseits sind die Fragen in ihrem Test* nicht besonders präzise. Eine Zeit lang bat ich sämtliche meiner Patienten, den Test zu machen. Häufig empfanden sie ihn als verwirrend. Was ist beispielsweise damit gemeint, «möglicherweise empfänglich für das nicht Fassbare zu sein»? Mehrere ihrer Fragen sind in dieser Weise nicht schlüssig.

Ein weiteres Problem besteht darin, dass bei Arons Interviews ausschließlich die eigene Selbstwahrnehmung der Befragten festgehalten wurde. Es gibt keine objektiven Messungen etwa zu ihrem Verhalten. So wurden auch ihre Angehörigen nicht dazu befragt, ob sie die Antworten bestätigen können, den Betreffenden etwa auch als gewissenhaft und empathisch einschätzen. Dadurch entsteht leicht ein schiefes Bild. Einige Menschen kreuzen nämlich schnell sämtliche Eigenschaften an, die sie als positiv betrachten. Andere sind bescheidener und befürchten, sich selbst zu positiv zu beurteilen. «Bin ich wirklich gewissenhaft?», fragen sie sich etwa. In diesem Zusammenhang kommen ihnen womöglich insbesondere Situationen in den Sinn, in denen sie überstimuliert waren und die Bedürfnisse anderer außer Acht ließen, um der unangenehmen Lage so schnell wie möglich zu entkommen.

Mein eigener Test, den Sie am Ende dieses Buches finden, ist aus Gesprächen mit hochsensiblen Menschen in Dänemark entstanden. Später wurde er von einer Vielzahl Hochsensibler in ganz Skandinavien erprobt. Er basiert jedoch genau wie Elaine Arons Test ausschließlich auf der Selbsteinschätzung der Testpersonen.

Irgendwann wird es sicherlich präzisere, in stärkerem Maße objektive Tests geben. Dann wird sich vielleicht herausstellen, dass der Anteil der Hochsensiblen an der Gesamtbevölkerung

---

* Elaine Aron hat einen Selbsttest aus 23 Fragen zusammengestellt. Um als hochsensibel zu gelten, müssen zwölf oder mehr Fragen mit Ja beantwortet worden sein. Der Test ist im Internet zugänglich.

geringer als 15 oder sogar höher als 20 Prozent ist. Ich glaube allerdings nicht, dass die Annahme von 15 bis 20 Prozent völlig aus der Luft gegriffen ist. Der Schweizer Psychiater und Mitbegründer der Psychoanalyse, C. G. Jung, war etwa der Ansicht, dass jeder Vierte introvertiert ist – und in bestimmten Zusammenhängen bedeutet introvertiert und hochsensibel dasselbe. Hochsensible sind aber zweifellos in der Minderheit, sonst hätten sie nicht so häufig den Eindruck, anders zu sein.

Meine eigene kleine Studie, in der ich mit Arons 23 Fragen sämtliche Patienten testete, die ich länger als zwei Wochen therapierte – insgesamt 24 –, führte ich durch, bevor ich als Therapeutin für Hochsensible bekannt wurde. In der Untersuchung erwies sich die Hälfte meiner Patienten als hochsensibel. Es ist gut möglich, dass der Anteil an Hochsensiblen, die eine Psychotherapie machen, höher ist als an der Gesamtbevölkerung. Dafür könnte es drei Gründe geben:

- Hochsensible haben häufiger Probleme aufgrund ihres empfindlichen Nervensystems.
- Sie stehen unter hohem Druck in einer Kultur, in der Widerstandsfähigkeit und unbegrenzte Extrovertiertheit erwartet werden.
- Wenn sie deshalb Probleme bekommen, werden sie diese seltener ignorieren. Einerseits ist ihre Schmerzgrenze geringer, andererseits gehen sie den Dingen gerne auf den Grund und denken intensiv über sich nach.

Nachwort

Ein Geschenk für Hochsensible

Viele Menschen, die zum ersten Mal von dem Charakterzug der Hochsensibilität hören, nicken und brechen manchmal sogar in Tränen aus, wenn sie sich darin wiedererkennen. Viele erzählen, dass sie daraufhin erst einmal unter starker Erschöpfung litten. Ich habe den Eindruck, dass der Grund dafür in der Kraftanstrengung liegt, die es sie ihr ganzes bisheriges Leben gekostet hat, mit ihrer Andersartigkeit zurechtzukommen. Sie fühlen sich zum ersten Mal verstanden. Zugleich richten sie sich auf und trauen sich, viel stärker zu sich selbst zu stehen.

«Nachdem ich mir meiner Hochsensibilität bewusst geworden war, begann ich allmählich, während der Frühstückspause öfter etwas zu sagen. Ich habe mich stärker in den Kollegenkreis eingebracht.» Maja, 38 Jahre

Wenn ich meine Seminarteilnehmer frage, inwiefern sie von einem Seminar für Hochsensible profitiert haben, erhalte ich eine Antwort immer wieder: Das Gefühl, etwas sei mit ihnen nicht in Ordnung, nimmt ab. Die meisten von ihnen hatten seit langem ein Bewusstsein davon, anders zu sein, und zermarterten sich den Kopf, was mit ihnen nur los sein könnte.

«Ich war kurz davor, mich umzubringen. Es schien, als ob ich weder zu etwas taugte noch irgendwohin passen würde. Als ich von Hochsensibilität hörte und mich darin wiedererkannte, konnte ich mich plötzlich in einem besseren Licht sehen. Alles änderte sich.» Dorthe, 52 Jahre

Befasst man sich mit dem Persönlichkeitsmerkmal der Hochsensibilität, erweitert sich der Normalitätsbegriff. Dann gibt es nicht mehr nur einen einzigen Idealtypus – widerstandsfähig, extrovertiert, energisch, ein Multifunktionstalent, dem Zeitdruck nichts ausmacht und der gerne in Großraumbüros arbeitet. Stattdessen offenbaren sich zwei völlig unterschiedliche Typen derselben Spezies, von denen beide ihre Vorzüge haben. Die neue Perspektive hat zur Folge, dass diejenigen, die der Hektik nicht standhalten, nicht nur als zartbesaitet gelten, sondern ihre Talente, die der Welt von Nutzen sind, erkannt werden. Sie sind nicht mehr nur diejenigen, die etwas nicht können, sondern sie haben Ressourcen zu bieten, ohne die die Menschheit nicht überleben könnte.

Unter diesem Blickwinkel ist es plötzlich wesentlich akzeptabler, ein feinfühliges Nervensystem zu haben. Es ist in Ordnung, einen Horrorfilm im Kino oder einen Ganztagesausflug dankend abzulehnen und von einem Fest früher aufzubrechen, wenn man sich überstimuliert fühlt.

«Mir ist nun klar, warum mein Leben so ist, wie es ist, und warum ich so denke, wie ich denke. Für mich ist es eine enorme Erleichterung und Befreiung zu wissen, dass ich ‹nur› sensibel bin und nicht schwach oder im Begriff, verrückt zu werden. Die Dinge ins rechte Licht zu rücken, war eine große Entlastung. Und ich finde mich in meiner Welt

nun wesentlich besser zurecht. Manche Dinge ablehnen zu müssen, bereitet mir kein schlechtes Gewissen mehr.» Lise, 30 Jahre

Über Dinge, die Hochsensible lange Zeit heimlich getan oder für die sie sich ausgiebig entschuldigt haben, kann man jetzt offen sprechen. Das ist für viele Menschen eine große Erleichterung. Nicht nur Hochsensible, sondern auch Menschen, die lediglich besonders feinfühlig sind, können zu ihrer Feinfühligkeit bzw. Hochsensibilität nun auch stehen. Ein sensibles Nervensystem ist kein Fehler, sondern eine Bereicherung der Persönlichkeit.

«Nachdem ich von Hochsensibilität gelesen habe, wurde mir bewusst, dass das der Grund ist, weshalb ich manche Dinge, die von mir erwartet werden und die anderen nichts ausmachen, meistens ablehnen muss. Seitdem habe ich aufgehört, tausend Entschuldigungen zu finden. Jetzt sage ich einfach, wie es ist, dass ich überstimuliert bin und eine Pause benötige.» Susanne, 35 Jahre

Anhang

Ideensammlung

Beschäftigungen, die Hochsensiblen und anderen sensiblen Naturen Freude machen und zu ihrem Wohlbefinden beitragen

Inspirierende Tätigkeiten
- Lesen
- Radiohören
- Theaterbesuche
- Konzertbesuche
- Besuch von Vorträgen
- Über Aphorismen reflektieren

Extrovertierte Tätigkeiten, die Sie Kraft kosten
- Pflegen Sie eine intensive Beziehung zu einem anderen Menschen, indem Sie sich beispielsweise gegenseitig massieren, innere Erlebnisse teilen oder Zeit zusammen schweigend verbringen.
- Verbringen Sie Zeit mit einem Kind.

Dinge, die Sie tun können, wenn Sie überstimuliert sind:

Tun Sie Ihrem Körper etwas Gutes
- Machen Sie Yoga, Pilates oder Gymnastik.
- Wenn es Ihnen zu viel ist, einen Abend in der Woche für einen Kurs außer Haus zu verbringen, kaufen Sie sich eine DVD mit entsprechenden Übungen oder leihen Sie sich diese in der Bibliothek aus. Es ist aber empfehlenswert, dass Sie eine Anleitung von einem Lehrer bekommen, bevor Sie

die Übungen zu Hause alleine machen. Wenn Sie Ruhe benötigen, dann stecken Sie das Telefon aus, legen Sie die DVD
ein und konzentrieren Sie sich auf das Programm.

- Gehen Sie joggen, machen Sie Krafttraining, fahren Sie
Fahrrad, machen Sie Wassergymnastik oder bewegen Sie
sich auf andere Weise.
- Tanzen: Einigen Hochsensiblen bringt es viel Spaß, zu
Hause einfach nur Musik anzumachen und sich dabei zu
bewegen, wie es ihnen gerade in den Sinn kommt. Das ist
zugleich eine gute Möglichkeit, um sich Bewegung zu verschaffen.
- Nehmen Sie ein heißes Bad oder Fußbad.
- Massieren Sie Ihr Gesicht, Ihre Hände, Füße oder Ihren
ganzen Körper. Zünden Sie eine Kerze an und hören Sie Musik. Im Sommer können Sie dazu an die frische Luft gehen.

Gehen Sie raus in die Natur

- Pflanzen Sie etwas in Ihrem Garten oder auf Ihrem Fenster-
brett an und freuen Sie sich über die aufgehende Saat.
- Hegen Sie Ihre Pflanzen.
- Arbeiten Sie im Garten.
- Wandern Sie.
- Nehmen Sie einen Schlafsack und eine Isomatte mit, wenn
Sie in die Natur gehen, und genießen Sie das Singen der
Vögel, plätscherndes Wasser oder das Rauschen des Meeres.
Meditieren Sie oder machen Sie ein Nickerchen (nur eine
halbe Stunde, damit Sie nicht in eine Tiefschlafphase kom-
men).
- Essen Sie im Freien. Hochsensible haben im Sommer viel
Spaß an einem Picknick in der freien Natur, statt in einem
Restaurant zu essen. Es ist viel weniger belastend, als in
Innenräumen unter vielen Fremden zu sitzen.
- Ausgerüstet mit einem Schlafsack, einer Isomatte und einer
Thermoskanne mit einem heißen Getränk kann man sich
auch im Winter gut in der Natur aufhalten.

- Legen Sie sich in eine Hängematte und schauen Sie in den Himmel oder in eine Baumkrone.
- Fahren Sie Kajak.
- Nehmen Sie den Regenschirm und gehen Sie im Regen spazieren. Genießen Sie das Geräusch der Regentropfen auf dem Schirm und den Geruch der Natur, der bei Regen intensiver wird.

Verleihen Sie Ihren Gedanken und Gefühlen Ausdruck
- Musizieren Sie, wenn Sie ein Instrument spielen, oder singen Sie.
- Schreiben Sie ein Buch, Gedichte, Briefe oder Tagebuch.

Seien Sie kreativ
- Machen Sie Blumengebinde.
- Töpfern Sie.
- Malen Sie.
- Fertigen Sie Skulpturen an.

Erfreuen Sie Ihre Sinne
- Kaufen Sie wohlriechende Blumen oder zünden Sie eine Duftlampe mit Ölen an, die Ihrem Geschmack entsprechen.
- Kochen Sie und gönnen Sie sich gutes Essen.
- Besuchen Sie Kunstausstellungen.
- Hören Sie Musik.
- Räumen Sie auf und putzen Sie. Verwenden Sie eine besondere Tischdecke und erfreuen Sie sich daran.
- Laufen Sie barfuß auf der warmen Erde oder im Sand.
- Lassen Sie die Sonne Ihren Körper wärmen.

Lassen Sie die Seele baumeln
- Meditieren Sie.
- Machen Sie Autogenes Training oder Yoga.
- Machen Sie Entspannungsübungen.
- Geben Sie sich Ihren Tagträumen hin.

- Lassen Sie Ihren Gedanken und Fantasien freien Lauf.
- Suchen Sie sich einen schönen Aussichtspunkt und verweilen Sie dort.
- Setzen Sie sich an ein offenes Feuer, am besten vor einen Kamin oder ein Lagerfeuer, zusammen mit einer schnurrenden Katze.

Verbringen Sie Zeit mit Tieren
- Spielen Sie mit einer Katze.
- Sorgen Sie für ein Tier.
- Striegeln Sie ein Pferd oder reiten Sie es.
- Beobachten Sie Fische in einem Aquarium.
- Füttern Sie einen Vogel.
- Führen Sie einen Hund Gassi.

«Wie sensibel bin ich?»
Testen Sie sich selbst

Im Folgenden finden Sie einen Test, den ich für sensible Menschen entwickelt habe. Sie haben fünf verschiedene Antwortmöglichkeiten.
Jede Frage sollen Sie mit einer Zahl beantworten.

0 = trifft nicht auf mich zu
1 = trifft ein wenig auf mich zu
2 = trifft einigermaßen auf mich zu
3 = trifft fast vollständig auf mich zu
4 = trifft vollständig auf mich zu

1. Ich kann mich für ein schönes Musikstück begeistern. ☐

2. Ich bringe mehr Kraft dafür auf, vorherzusehen, was schiefgehen könnte, als andere und überlege mir, wie ich darauf reagieren kann. ☐

3. Ich bin gut darin, neue Wege und Möglichkeiten zu erkennen. ☐

4. Ich lasse mich leicht inspirieren und habe viele gute Ideen. ☐

5. Ich bin davon überzeugt, dass es mehr zwischen Himmel und Erde gibt, als wir hören und sehen können. ☐

6. Ich habe eine niedrige Schmerzgrenze. ☐

7. Was andere nebenbei erledigen, ist mir häufig viel zu anstrengend. ☐

8. Ich brauche jeden Tag etwas Zeit für mich allein. ☐

9. Wenn ich mit anderen mehr als zwei bis drei Stunden zusammen sein muss, ohne mich zurückziehen zu können, strengt mich das sehr an. ☐

10. Ich gehe Konflikten gerne aus dem Weg. ☐

11. Wut belastet mich, auch wenn sie nicht gegen mich gerichtet ist. ☐

12. Der Schmerz anderer Menschen berührt mich tief in meinem Inneren. ☐

13. Ich versuche alles, um unangenehme Überraschungen und Fehleinschätzungen zu vermeiden. ☐

14. Ich bin kreativ. ☐

15. Kunstwerke lösen manchmal tief empfundene Freude in mir aus. ☐

16. Ich habe den Eindruck, ich kann im Gegensatz zu den meisten Menschen nicht so viele Reize auf einmal in mich aufnehmen. Es fällt mir beispielsweise schwer, einem Gespräch zu folgen und gleichzeitig im Internet zu surfen. ☐

17. Ich halte mich ungern in Vergnügungsparks, Einkaufscentern oder bei Sportwettkämpfen auf. ☐

18. Wenn ich Gewalt im Fernsehen sehe, kann mich das noch mehrere Tage lang beschäftigen.

19. Ich denke mehr über Dinge nach als andere.

20. Ich habe ein gutes Gespür für Tiere und Pflanzen.

21. Natureindrücke erfüllen mich mit innerer Freude.

22. Ich habe ein feines Gespür für die Stimmungslage von anderen Menschen.

23. Ich habe schnell ein schlechtes Gewissen.

24. Ich werde nervös, wenn mir jemand bei der Arbeit zusieht.

25. Ich habe ein Gespür für Authentizität und merke schnell, wenn mir jemand etwas vormacht.

26. Ich bin schreckhaft.

27. Ich kann jemandem intensiv nahe sein und eine tiefe Beziehung zu ihm aufbauen.

28. Geräusche, die die meisten anderen nicht zu stören scheinen, können mich nachhaltig irritieren.

29. Ich habe eine gute Intuition.

30. Ich bin gerne alleine.

31. Ich handle meist wohlüberlegt und nur selten schnell und spontan.

32. Laute Geräusche, intensive Gerüche oder grelles Licht stören mich sehr. □

33. Ich habe ein größeres Verlangen danach, mich ungestört auszuruhen, als die meisten anderen. □

34. Wenn ich Hunger habe oder mir kalt ist, fällt es mir schwer, mich auf etwas anderes zu konzentrieren. □

35. Ich breche leicht in Tränen aus. □

Gesamtsumme

---

36. Ich begebe mich gerne unvorbereitet in neue Situationen. □

37. Ich bin stolz auf mich, wenn es mir gelingt, meinen Willen schnell und klug durchzusetzen. □

38. Soziale Kontakte ermüden mich nicht. Wenn die Stimmung gut ist, kann ich den ganzen Tag Menschen um mich haben und benötige keine Rückzugsmöglichkeit, um mich auszuruhen. □

39. Ich mag Survival-Touren. □

40. Ich arbeite gerne unter Druck. □

41. Ich finde, dass Menschen, denen es schlecht geht, oft selbst daran schuld sind. □

42. Ich bin meistens voller Tatendrang und guter Laune, häufig unabhängig davon, was gerade um mich herum passiert. □

43. Ich gehöre meist zu den Letzten bei einem Fest. ☐

44. Ich nehme die Dinge, wie sie sind, und mache mir selten Sorgen. ☐

45. Ich kann gut ein Wochenende in einem Ferienhaus zusammen mit einer Gruppe von Freunden verbringen, ohne dass ich mich zurückziehen muss und etwas Zeit für mich alleine benötige. ☐

46. Ich liebe es, wenn Freunde und Bekannte mich überraschen und unerwartet zu Besuch kommen. ☐

47. Ich komme mit sehr wenig Schlaf aus. ☐

48. Ich stehe gerne im Mittelpunkt. ☐

Gesamtsumme

Die Fragen 1–35 bilden die erste Gruppe. Ermitteln Sie die Gesamtsumme der ersten Gruppe. Haben Sie beispielsweise alle Fragen mit 1 beantwortet, ist die Gesamtsumme 35.

Die Fragen 36–48 bilden die zweite Gruppe. Ermitteln Sie auch hier die Gesamtsumme. Haben Sie beispielsweise alle Fragen mit 2 beantwortet, beträgt die Gesamtsumme 26.

Ziehen Sie danach die Summe der zweiten Gruppe von der Summe der ersten Gruppe ab. Auf diese Weise erhalten Sie den Zahlenwert für Ihre Sensibilität.

Dieser liegt zwischen minus 52 und plus 140. Je höher Ihr Zahlenwert ist, umso sensibler sind Sie.

Wenn Ihr Zahlenwert bei 60 oder darüber liegt, sind Sie wahrscheinlich hochsensibel.

Tests müssen immer kritisch betrachtet werden. Wenn man etwas über einen Menschen anhand eines Tests aussagt, ist dies nie vollständig. Es gibt zu viele Aspekte, die unberücksichtigt bleiben. Und das Ergebnis kann Ihrer Tagesform entsprechend variieren. Betrachten Sie den Test als eine allgemeine Einschätzung Ihrer Sensibilität, aber bewerten Sie ihn nicht über.

Dank

Ich danke dem Psychotherapeuten und Theologen Bent Falk. Viele Jahre lang hatte ich das Vergnügen, ihn in unterschiedlichen Zusammenhängen zu hören. Durch ihn habe ich Seiten an mir entdeckt, die ich bisher nicht kannte. Das vierte Kapitel ist besonders dem Psychologen Niels Hoffmeyer und dem Institut für Gestaltanalyse zu verdanken, wo ich mehrere Jahre lang verschiedene Beziehungsformen erprobt und mit ihnen experimentiert habe. Das achte Kapitel ist von dem Psychologen Peter Storgård inspiriert, der mich lehrte, wie wichtig es ist, die psychologische Forschung zu verfolgen, und mir die Möglichkeiten der kognitiven Therapie näherbrachte.

Mein Dank gilt allen empfindsamen Menschen, mit denen ich als Seelsorgerin oder in meiner Praxis gesprochen habe, und denjenigen, die meine Vorträge oder Seminare besucht haben. Ganz besonders danke ich denjenigen, die mir gestattet haben, ihre Erzählungen über sich selbst in mein Buch aufzunehmen.

Literaturhinweise

Dänischsprachige Literatur

Delskov, Athina/Sonne, Lene: *Sensitive børn*, København: Aronsen 2014.

Falk, Bent: *At være der, hvor du er. Samtale med kriseramte*, København: Nyt Nordisk Forlag Arnold Busk 1996.

Falk, Bent: *Kærlighedenspris I & II*, Fredriksberg: Anis 2005.

Falk, Bent: *I virkeligheden*, Fredriksberg: Anis 2006.

Grønkjær, Preben: *Forståelse fremmer samtalen. 16 menneksetypers kommunikationsstil*, København: Gyldendal 2004.

Hart, Susan: *Den følsommehjerne, jernens udvikling gennem tillknytning og samhørighedsbånd*, København: Reitzel 2009.

Hougaard, Esben: *Kognitiv behandling af panikangst og socialfobi. En vejledning for klienter og behandlere*, København: Dansk Psykologisk Forlag 2006.

Møberg, Susanne: *Mindfulness for særligt sensitive mennesker*, Hadsten: Møberg 2010.

Nake, Bjørn/Karterud, Sigmund/Wilberg, Theresa/Urnes, Øyvind: *Personlighedspsykiatri*, København: Akademisk Forlag 2013.

Sand, Ilse: *Find nye veje I: følelsernes labyrint*, Randers: Ammentorp 2011.

Sand, Ilse: Kom nærmere – om kærlighed og selvbeskyttelse, Randers: Ammentorp 2013.

Sand Ilse: *Værktøj til hjælpsomme sjæle – især for særligt sensitive, som hjælper professionelt eller privat*, Sabro: Ammentorp 2014.

Toustrup, Jørn: *Autentisk nærvær I psykoterapi og I livet*, Virum: Dansk psykologisk Forlag 2006.

Englischsprachige Literatur

Aron, Elaine: *Psychotherapy and the Highly Sensitive Person. Improving outcomes for that minority of people who are the majority of clients*, New York: Routledge 2010.

Aron, Elaine: *The Highly Sensitive Child. Helping our children thrive when the world overwhelms them,* New York: Broadway Books 2002.

Aron, Elaine: *The Highly Sensitive Person in Love: Understanding and managing relationships when the world overwhelms you,* New York: Broadway Books 2001.

Aron, Elaine: *The Highly Sensitive Person's Workbook,* New York: Broadway Books 2001.

Aron, Elaine: *The Highly Sensitive Person,* New York: Broadway Books 1997.

Boyce, W. T./Chesny, M./Alkon, A./Tschann, J. M./Adams, S., Chestermann, B./Cohen, F./Kaiser, P./Folkmann, S./Wara, D.: «Psychobiologic Reactivity to Stress and Childhood Respiratory Illness: Results of two prospective Studies», in: *Psychosomatic Medicine,* 57 (5), 1995, S. 411–422.

Cain, Susan: *Quiet: the power of introverts in a world that can't stop talking,* New York: Crown Publishers 2012.

Kochanska, Grazyna/Thompson, Ross A.: «The Emergence and Development of Conscience in Toodlerhood and Early Childhood», in: Grusec, Joan E./Kuczynski, Leon (Hrsg.): *Parenting and Children's Internalization of Values: A handbook of contemporary theory,* New York: Wiley 1997, S. 53–77.

Jaeger, Barrie: *Making Work Work for the Highly Sensitive Person,* New York/London: McGraw-Hill 2004.

Kagan, Jerome/Snidman, Nancy: *The Long Shadow of Temperament,* Cambridge, Mass: Belknap Press of Harvard University Press 2004.

LaGasse, Linda/Gruber, C./Lipsit L. P.: «The Infantile Expression of Avidity in Relation to Later Assessments», in: Reznick, J. Steven (Hrsg.): *Perspectives on Behavioral Inhibition,* Chicago/London: University of Chicago Press 1989, S. 159–175.

Laney, Marti Olsen: *The Introvert Advantage. How to Thrive in an Extrovert World,* New York: Workman Publishing Company 2002.

Rosenberg, Marshall B.: *Non-violent Communication. A language of life. Create your life, your relationships & your world in harmony with your values,* Encinitas/California: Puddle Dancer 2003.

Suomi, Stephen J.: «Genetic and Maternal Contributions to Individual Differences in Rhesus Monkey Biobehavioral Development», in: Krasnegor, Norman A./Blass, Elliott M./Hofer, Myron A./Smotherman, Wil (Hrsg.): *Perinatal Development: A Psychobiological Perspective,* New York: Academic Press 1987, S. 397–419.

Yalom, Irvin D: *Existential Psychotherapy*, New York: Basic Books 1980.

Zeff, Ted: *The Highly Sensitive Person's Survival Guide. Essential skills for living well in an overstimulation world*, Oakland: New Harbinger Publications 2004.

Deutschsprachige Literatur

Aron, Elaine: *Das hochsensible Kind. Wie Sie auf die besonderen Schwächen und Bedürfnisse Ihres Kindes eingehen*, München: mvg-Verlag 2008.

Aron, Elaine: *Hochsensibilität in der Liebe. Wie Ihre Empfindsamkeit die Partnerschaft bereichern kann*, München: mvg-Verlag 2015.

Aron, Elaine: *Hochsensible Menschen in der Psychotherapie*, Paderborn: Junferman 2014.

Aron, Elaine: *Sind Sie hochsensibel? Das Arbeitsbuch. Ein praktisches Handbuch für hochsensible Menschen*, München: mvg-Verlag 2014.

Aron, Elaine: *Sind Sie hochsensibel? Wie Sie Ihre Empfindsamkeit erkennen, verstehen und nutzen*, Heidelberg: mvg-Verlag 2005.

Buber, Martin: *Ich und du*, Leipzig: Insel-Verlag 1923.

Cain, Susan: *Still. Die Bedeutung von Introvertierten in einer lauten Welt*, München: Riemann 2011.

Jung, Carl Gustav: *Psychologische Typen*, Zürich: Rascher 1921.

Jung, Carl Gustav: *Versuch einer Darstellung der psychoanalytischen Theorie*, 2. Aufl., Zürich: Rascher 1955.

Lany, Marti Olsen: *Die Macht der Introvertierten. Der andere Weg zu Glück und Erfolg*, Bern: Huber 2013.

Rosenberg, Marshall B.: *Gewaltfreie Kommunikation. Aufrichtig und einfühlsam miteinander sprechen. Neue Wege in der Mediation und im Umgang mit Konflikten*, Paderborn: Junfermann 2001.

Yalom, Irvin D.: *Existenzielle Psychotherapie*, Köln: Ed. Humanist. Psychologie 1989.

Zeff, Ted: *Glücklich leben in einer reizüberfluteten Welt. Der Ratgeber für Hochsensible*, München: mvg-Verlag 2015.

Aus dem Verlagsprogramm

Psychologie und Medizin bei C.H.Beck

André Aleman
Wenn das Gehirn älter wird
Was uns ängstigt. Was wir wissen. Was wir tun können
Aus dem Niederländischen von Bärbel Jänicke und Marlene Müller-Haas
2016. 240 Seiten mit 20 Abbildungen. Paperback

Gian Domenico Borasio
Über das Sterben
Was wir wissen. Was wir tun können. Wie wir uns darauf einstellen
11. Auflage. 2012. 208 Seiten mit 11 Abbildungen und 5 Tabellen.
Gebunden

Gian Domenico Borasio
selbst bestimmt sterben
Was es bedeutet. Was uns daran hindert. Wie wir es erreichen können
2014. 204 Seiten mit 6 Abbildungen und 2 Tabellen. Gebunden

Jan Kalbitzer
Digitale Paranoia
Online bleiben, ohne den Verstand zu verlieren
Mit 12 Illustrationen von Katharina Grossmann-Hensel
2016. 208 Seiten. Paperback

Hans-Joachim Maaz
Die narzisstische Gesellschaft
Ein Psychogramm
4. Auflage. 2013. 236 Seiten. Paperback

Hans-Joachim Maaz
unter Mitarbeit von Ulrike Gedeon-Maaz
Hilfe! Psychotherapie
Wie sie funktioniert und was sie leistet
2014. 286 Seiten. Paperback

Verlag C.H.Beck

Psychologie und Medizin bei C.H.Beck